相続開始時別
相続人の範囲と遺産の割合
―明治民法・応急措置法・現行民法―

著　中込 一洋（弁護士）

新日本法規

は　し　が　き

　本書では、相続してから時間が経過した事案について、遺族から相談を受けた専門家（弁護士・司法書士等）を主な読者として想定して解説しました。民法等の一部を改正する法律（令和3年法律24号）による改正後の不動産登記法76条の2は相続等による所有権移転登記の申請を義務付け、同法164条1項は同義務違反について「10万円以下の過料に処する」と規定しています。これらの規定の施行日は令和6年4月1日ですが（令和3年政令332号）、施行日前に既に相続が開始した場合についても「登記の申請に必要な期間を確保する観点から、少なくとも施行日から3年間……の猶予期間を置く」（小出邦夫法務省民事局長：第204回国会（令和3年）衆議院法務委員会会議録6号9頁）ことを前提として適用されます（上記改正法附則5条6項）。そのため、改正後は、不動産所有権を相続等によって取得したとき、それが自宅でなくても、売却するのが難しくても、所有権移転登記を申請する必要があります。

　長年にわたり放置されていた実家の土地等では登記名義人が死亡してから数回にわたって相続が生じていることもあり、明治民法の知識が必要になることもあります。本書は、文献を幅広く歴史的に参照しつつ、基礎からケース（事例）までを丁寧に執筆したことを特色とします。

　本書の構想は、新日本法規出版の加賀山量様・森誠様・酒井恵輔様の周到な支援によって支えられています。もとより本書に関する責任は私にありますが、ここで名前を掲げきれないほど多くの方々に受けたご指導に、心より感謝しています。

　本書が、相続開始時別の法適用に対する理解を通じて、相続トラブルの予防や早期解決の一助となることを期待しつつ。

　　令和5（2023）年1月

　　　　　　　　　　　　　　　　弁護士　中込　一洋

著 者 略 歴

中込　一洋（なかごみ　かずひろ）

　弁護士：司綜合法律事務所

　昭和40年生まれ

　昭和63年　法政大学法学部卒業

　平成6年　弁護士登録（東京弁護士会所属、46期）

　日本弁護士連合会司法制度調査会委員、同編集委員会委員長

　東京弁護士会法制委員会委員

　（公財）交通事故紛争処理センター嘱託

　（公財）自動車製造物責任相談センター審査委員

　国土交通省交通事故相談ハンドブック編集委員

＜主要著作＞

　「告知義務違反解除と詐欺・錯誤」『遠藤光男元最高裁判所判事喜寿
　　記念文集』ぎょうせい（平成19年）

　「重過失とは何か」『下森定先生傘寿記念論文集　債権法の近未来像』
　　酒井書店（平成22年）

　『逆転の交渉術』幻冬舎メディアコンサルティング（平成25年）

　『相続・贈与と生命保険をめぐるトラブル予防・対応の手引』新日
　　本法規出版（共著、令和元年）

　『実務解説　改正相続法』弘文堂（令和元年）

　『最新　債権管理・回収の手引』新日本法規出版（共著、令和2年）

　『職業・年齢別ケースでわかる！　交通事故事件　社会保険の実務』
　　学陽書房（令和2年）

　『実務解説　改正債権法附則』弘文堂（令和2年）

『数次相続・代襲相続をめぐる実務―相続人・相続分の確定―』新
日本法規出版（令和4年）
『実務解説　改正物権法』弘文堂（令和4年）

凡　例

<本書の内容>

　第1章では、現在の相続制度と、明治民法・応急措置法・現行民法における相続制度の概要を解説しました。

　第2章〜第5章では、具体的なケースにおける相続人・相続分の判定について、相続関係図を交えながら端的に示しました。

　なお、各ケースの相続関係図の記号等は次を意味します。

　甲＝I　（網掛け）‥‥被相続人

　M　N　（枠囲み）‥‥相続人

　男X①‥‥‥‥‥‥‥男・女＝相続人の性別

　　　　　　　　　　　X＝1次相続（Y＝2次相続）

　　　　　　　　　　　①、②、③＝相続人の人数に応じた番号

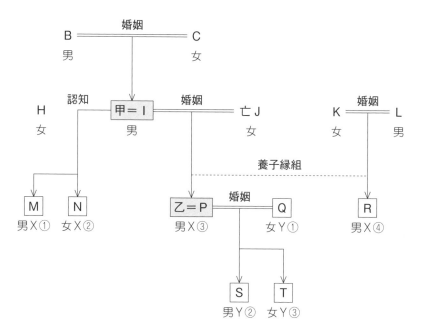

＜法令・裁判例・文献等の引用について＞

・表記の基本ルール

　促音に関する一般的な表記を優先し、「よつて」→「よって」、「従つて」→「従って」等と表記します。漢字・送り仮名等は、読みやすさを優先し、一般的な表記に変更したところがあります。ただし、条文・判決文の片仮名は、原文のままとしています。

・民法について

　民法は、改正時期に応じて、以下の略称を用いています。

　大きな区別として、1947（昭和22）年法律222号による全面改正前の民法を「明治民法」、基準日に施行されている最新の民法を「現行民法」とします。その上で、それぞれの一部改正前の条文について（未施行の改正については改正後の条文について）、当該改正の年を付記します。

◇2021年改正後現行民法（2021後現民）：2021（令和3）年法律24号による改正後の民法

◇現行民法（現民）：基準日に施行されている最新の民法

◇2013年改正前現行民法（2013前現民）：2013（平成25）年法律94号による改正前の民法

◇1980年改正前現行民法（1980前現民）：1980（昭和55）年法律51号による改正前の民法

◇1962年改正前現行民法（1962前現民）：1962（昭和37）年法律40号による改正前の民法

◇応急措置法（応措）：日本国憲法の施行に伴う民法の応急的措置に関する法律：1947（昭和22）年法律74号

◇明治民法（明民）：1947（昭和22）年法律222号による全面改正前の民法。1898（明治31）年法律9号

・法令の略記

　根拠となる法令の略記例は次のとおりです。

　　基準日に施行されている最新の民法第889条第1項第1号＝現民889①一

・判例・審判例の略記

　根拠となる判例・審判例の略記例は次のとおりです。

　　最高裁大法廷平成25年9月4日決定、最高裁判所民事判例集67巻6号1320頁＝最大決平25・9・4民集67・6・1320

　　東京家庭裁判所平成12年3月8日審判、家庭裁判月報52巻8号35頁＝東京家審平12・3・8家月52・8・35

・引用文献は、以下の略称を用いました（五十音順）。

◇梅1912：梅謙次郎『民法要義巻之四親族編オンデマンド版』私立法政大学・中外出版社・有斐閣書房22版1912（明治45）年、有斐閣復刻1984（昭和59）年、発行2001（平成13）年

◇梅1913：梅謙次郎『民法要義巻之五相続編オンデマンド版』私立法政大学・有斐閣書房21版1913（大正2）年、有斐閣復刻1984（昭和59）年、発行2001（平成13）年

◇大里：大里知彦『旧法親族・相続・戸籍の基礎知識』テイハン、1995（平成7）年

◇大村1999：大村敦志『生活民法研究Ⅱ　消費者・家族と法』東京大学出版会、1999（平成11）年

◇大村2003：大村敦志『生活民法入門　暮らしを支える法』東京大学出版会、2003（平成15）年

◇大村2009：大村敦志『学術としての民法Ⅱ　新しい日本の民法学へ』東京大学出版会、2009（平成21）年

◇大村2010：大村敦志『家族法第3版』有斐閣、2010（平成22）年

◇大村2012：大村敦志『文学から見た家族法』ミネルヴァ書房、2012

（平成24）年

◇大村2014 a：大村敦志『新基本民法7　家族編　女性と子どもの法』有斐閣、2014（平成26）年

◇大村2014 b：大村敦志『家族と法　比較家族法への招待』左右社、2014（平成26）年

◇大村2015：大村敦志『民法読解親族編』有斐閣、2015（平成27）年

◇大村2017 a：大村敦志『新基本民法8　相続編　遺産管理の法』有斐閣、2017（平成29）年

◇大村2017 b：大村敦志『広がる民法1　入門編　法の扉を開く』有斐閣、2017（平成29）年

◇大村2020：大村敦志『広がる民法5　学説解読編　公論の空間を発見する』有斐閣、2020（令和2）年

◇加藤1962 a：加藤一郎「民法の一部改正の解説（二）」ジュリスト250号、1962（昭和37）年

◇加藤1962 b：加藤一郎「民法の一部改正の解説（三・完）」ジュリスト251号、1962（昭和37）年

◇加藤1980：加藤一郎「相続法の改正（上）」ジュリスト721号、1980（昭和55）年

◇小石：小石壽夫『法定推定家督相続人の順位』河出書房、1940（昭和15）年

◇潮見：潮見佳男『詳解相続法第2版』弘文堂、2022（令和4）年

◇潮見外：潮見佳男編著『新注釈民法(19)相続(1)』有斐閣、2019（令和元）年

◇末光2017：末光祐一『事例でわかる　戦前・戦後の新旧民法が交差する相続に関する法律と実務』日本加除出版、2017（平成29）年

◇末光2019：末光祐一『事例でわかる　基礎からはじめる旧民法相続に関する法律と実務』日本加除出版、2019（令和元）年

◇末光2020：末光祐一『事例でわかる　過去から現在の相続に関する法律と実務』日本加除出版、2020（令和2）年

◇中川外：中川善之助・泉久雄編集『新版注釈民法(26)相続(1)』有斐閣、1992（平成4）年

◇中込2019：中込一洋『実務解説改正相続法』弘文堂、2019（令和元）年

◇中込2022：中込一洋『実務解説改正物権法』弘文堂、2022（令和4）年

◇中込外：中込一洋・遠山聡・原尚美『相続・贈与と生命保険をめぐるトラブル予防・対応の手引』新日本法規出版、2019（令和元）年

◇中根：中根千枝『家族の構造－社会人類学的分析－』東京大学出版会、1970（昭和45）年

◇星野1972：星野英一『民法論集第3巻オンデマンド版』有斐閣、1972（昭和47）年、発行2003（平成15）年

◇星野1978：星野英一『民法論集第4巻オンデマンド版』有斐閣、1978（昭和53）年、発行2003（平成15）年

◇星野1986：星野英一『民法論集第6巻オンデマンド版』有斐閣、1986（昭和61）年、発行2005（平成17）年

◇星野1989：星野英一『民法論集第7巻オンデマンド版』有斐閣、1989（平成元）年、発行2001（平成13）年

◇村上2003：村上一博『日本近代婚姻法史論』法律文化社、2003（平成15）年

◇村上2020：村上一博『日本近代家族法史論』法律文化社、2020（令和2）年

◇山下：山下友信『保険法（下）』有斐閣、2022（令和4）年

◇我妻1961：我妻榮『親族法オンデマンド版』有斐閣、1961（昭和36）年、発行2001（平成13）年

◇我妻1969：我妻榮『民法研究Ⅶ親族・相続オンデマンド版』有斐閣、
　1969（昭和44）年、復刻1985（昭和60）年、発行2001（平成13）年

◇我妻1971：我妻榮『民法研究Ⅹ講演オンデマンド版』有斐閣、1971
　（昭和46）年、発行2001（平成13）年

◇我妻1974：我妻榮『法学概論オンデマンド版』有斐閣、1974（昭和
　49）年、発行2001（平成13）年

目　　次

第1章　相続制度の概要

第1　現在の相続制度

第5　家督相続（明治民法）

第2章　民法・応急措置法による相続

第1　子が相続人となるケース

第4　直系尊属が相続人となるケース

第5　兄弟姉妹が相続人となるケース

第6　甥姪が代襲相続人となるケース

第7　特別な事情のあるケース

第3章　明治民法による遺産相続

第1　直系卑属が遺産相続人となるケース

第2　配偶者が遺産相続人となるケース

第3　直系尊属が遺産相続人となるケース

第4　戸主が遺産相続人となるケース

第4章　明治民法による家督相続

第1　直系卑属が法定家督相続人となるケース

第2　指定により家督相続人となるケース

第3　第1種選定家督相続人となるケース

第4　直系尊属が家督相続人となるケース

第5　第2種選定家督相続人となるケース

第5章　経過措置を検討すべき相続

索　引

第1章　相続制度の概要
第1　現在の相続制度

1　法定相続の趣旨

(1)　法定相続とは

　現行民法の法定相続は、「個人に帰属していた財産が、その死亡を原因として、配偶者・子・親など死者と一定の家族的な関係にあった個人に対して、法律の規定に従って包括的に承継されること」(中込外3頁〔中込一洋〕) と定義することができます。

(2)　死亡による開始

　現行民法882条は「相続は、死亡によって開始する」と規定しています。その理由は、人が権利義務の主体となる資格を権利能力というところ、権利能力が認められるのは、生きている間だけであるという原則に基づいて、死亡した人（被相続人）は権利能力を失うため、別の人に、その財産上の地位を承継させる必要があるという点にあります。開始原因が「死亡」のみであることは、「当然のことのように思われるが、家督相続に関して認められていた生前相続が、否定されたことを意味する」(大村2017a・23頁) と指摘されています。死亡のみが開始原因であることは、明治民法の遺産相続と同じですが、家督相続とは異なります。家督相続は、戸主が生存していても隠居等により開始することがありました。

(3)　一定の家族的な関係

　法定相続人となり得るのは、①配偶者と、②一定の範囲内の血族です。血族の中では、子（直系卑属）が優先されます。このことは「被相続人の意思に合致したものだといえる。遺産は妻（夫）と子どもに残したい。そもそも婚姻というのは、定型的に、そうした意思を含む」

（大村2003・220頁）と説明されています。

　筆者は、死者（被相続人）と法定相続人の間にある一定の家族的な関係（配偶者・子・親など）の種類によって「被相続人の意思」が異なるのが一般的であることが、法定相続の内容が異なる理由であると考えています。以下では、法定相続が認められる3つの考え方（①生活保障的相続観、②清算的相続観、③家産的相続観）との関係について説明します。

2　配偶者別格の原則

(1)　配偶者とは

　配偶者とは、「婚姻によって結合した男女（夫婦）」（大里178頁）の一方のことであり、男を「夫」、女を「妻」といいます。これは法律婚を基準とするため、夫Iが事実上の離婚をしていても妻Jが相続人となりますが（【001】参照）、夫Iが妻Jと離婚しHと再婚した後に死亡したときは後妻Hが相続人となります（【002】参照）。

　現行民法890条は、「被相続人の配偶者は、常に相続人となる。この場合において、887条又は前条の規定により相続人となるべき者があるときは、その者と同順位とする」と規定しています。ここで「常に」と規定されていることを、配偶者別格の原則といいます。配偶者が常に相続人となることは、明治民法の遺産相続とは異なります。遺産相続では、配偶者は直系卑属に劣後しました。

(2)　配偶者が法定相続人となる理由

　配偶者が常に法定相続人とされる（配偶者別格の原則が採用されている）理由としては、①生活保障的相続観に加えて、②清算的相続観があるものと考えられます。

　生活保障的相続観とは、①「相続は、夫の死亡によって後に残される無収入の妻と子の生活を保障するためのものであるという考え方」

（大村2014b・160頁）、②「人がみずからの属する家族共同体に依存して生活を営んでいる点に着目し、被相続人の財産に依拠して生活をしてきた者の将来の生活を保障するために、財産を分配し、承継させるものとして相続制度を捉える考え方（遺族の生活保障）……生存配偶者に遺産を承継させることによって、（未成熟子をも含む）生存配偶者の生活を保障するとの考え方（生存配偶者〔および未成熟子〕の生活保障）」（潮見5頁）です。これが配偶者の法定相続の理由となることは、①「家督相続以外の相続（かつての遺産相続）は、相続人の生活保障を目的とするとされていたので……経緯からすると、配偶者相続権も生活保障の観点から基礎づけうる」（大村2014a・52頁）、②「平均寿命が短く、かつ、働く妻が少ない時代には、多くの人々の納得が得られる考え方であった」（大村2014b・160頁）、③「生活保障的相続観はとりわけ高齢の配偶者によくあてはまる」（大村2003・221頁）と説明されています。

　清算的相続観とは、①「離婚に際しては財産分与を通じて行われる清算が、死別の場合には配偶者相続分によって行われる」（大村2003・222頁）という考え方、②「被相続人の財産形成は家族の協力なしには成しえなかったであろうから、相続財産の中には家族の持分が潜在的に含まれているのであり、これが被相続人の死亡により顕在化するものとみる考え方（家族構成員の潜在的持分の清算）……夫婦が協力して築き上げてきた財産について、これを夫婦間で清算・分配するために、死亡配偶者の遺産を生存配偶者に承継させるとの考え方（実質的夫婦共同財産の清算。さらに、夫婦の法定財産制度を扱う規律の中に配偶者の一方が死亡した際の夫婦財産の分配についての規律が用意されていない点を補うという意味もある）」（潮見5頁）です。これが配偶者の法定相続の理由となることは、①「形式的には夫が1人で取得した財産でも、妻がうしろにいて家庭生活を担当し、内助の功をしている

からこそ取得しえたという財産は、すべて夫婦の協力によって得た財産と考えるという思想が根底に存在している」（我妻1971・61頁）、②「法的には、配偶者相続権には夫婦の財産関係を清算する機能があることを指摘しておく必要がある。相続権というと、無償で財産を引き継ぐように見えるが、たとえば夫が死亡した場合、夫名義の財産の中には妻の貢献によって形成されたものもあるだろう。相続によって、妻はこれを取り戻すわけである。社会的には、相続財産のうち先祖伝来の財産が占める割合が減ったことが重要である。個人が一代で形成した財産であれば、それをどう処分するにせよ、それは本人の自由であろう。その場合、配偶者に財産を残したいと考える人が多いとすれば、配偶者相続権はデフォルト・ルールとしての意味を持つ」（大村2017b・124頁）、③「日本法に関する限り、配偶者相続分にはこの清算的相続観が比較的よくあてはまる。相続によるほか清算の方法がないからである」（大村2003・221～222頁）と説明されています。配偶者の法定相続分は、婚姻期間の長短等の具体的事情と無関係に規定されているため、財産関係の清算という評価の妥当性は事案によって異なりますが、筆者は、法定相続分は第三者にも影響するため明確かつ画一的な判断が優先されていると考えています。

　なお、配偶者の法定相続について家産的相続観は理由とならないことは、「家族Aの財産（家産）は世代から世代へと承継されていく。『先祖伝来の田畑』がその典型例である。家族Aの男子と家族Bの女子が結婚して子が生まれた場合、この子はA、B双方の家族の財産を引き継ぎ、さらに自分の子孫に伝えていく。配偶者相続権は突き詰めて考えると、このような相続秩序と両立しない（少なくとも、両立しにくい）」（大村2017b・123頁）と説明されています。

　(3)　配偶者の法定相続分
　法定相続分とは、「相続人が複数存在する場合、すなわち共同相続の

場合に、相続財産全体に対して各共同相続人が有する権利・義務の分数的割合」（潮見外226頁〔本山敦〕）です。法定相続人が1人しかいないとき（単独相続）には、法定相続分は問題となりません。

　同順位の相続人があるときの配偶者の法定相続分について、現行民法900条は、①子が相続人であるときは2分の1、②直系尊属が相続人であるときは3分の2、③兄弟姉妹が相続人であるときは4分の3と規定しています。そのため、配偶者は、遺産の2分の1以上を相続することができます。このように「配偶者の相続分が大きいのはなぜか、と言えば、相続以前に財産関係を清算せずに、相続で一括して処理してしまおうという考え方がとられているから」（大村2017a・66頁）と説明されています。

3　子・孫等の直系卑属（第1順位の血族相続人）

(1)　子（直系卑属）とは

　第1順位の血族相続人は、子（及びそれを代襲・再代襲する直系卑属）です（現民887）。直系とは「親子関係（の連続）によって血の繋がった者」（大村2014b・14頁）、「祖先と子孫の血族の関係」（末光2019・44頁）です。卑属は「世代が……下の者」（大村2014b・14頁）、「ある人……からみてより新しい世代（子を含み、子より新しい世代）の者」（末光2019・44頁）です。直系血族の「親等は、親族間の世代数を数えて、これを定め」（現民726①）ます。父母又は子は「直接ニ血統ノ継続セル者」（梅1912・6頁）であり、世代数は1であるため1親等です。祖父母及び孫は「子ヲ通シテ血統ノ継続セル者」（梅1912・6頁）であり、世代数は2であるため2親等です。

　血族には、自然血族と法定血族があります。自然血族とは「実親子関係から広がる実祖父母孫や実兄弟姉妹など、実の血族の間柄」（末光2019・43頁）です。法定血族とは「自然血族ではないものの、血族とし

て扱われる間柄」（末光2019・44頁）です。

　子（現民887①）とは、被相続人の直系卑属のうち1親等の者です。現行民法における子としては、自然血族として、①嫡出子（【003】参照）、②非嫡出子（【004】参照）があります。また、現行民法の法定血族として、③普通養子（【008】参照）、④特別養子（【007】参照）があります。明治民法では、継親子関係や嫡母庶子関係も法定血族として認められていました。

　子が被相続人より先に死亡していたとき等には、代襲相続が認められます（現民887②）。代襲相続とは、「相続人となるべき者が相続開始以前に死亡したり、一定の事由（相続欠格・廃除）により相続権を失ったりした場合に、被相続人について相続が開始した……とき、相続権を失った者の子が生存していて、しかも、この者が被相続人の直系卑属にあたる場合には、この者が相続権を失った者（被代襲者）に代わって、同一順位で相続人となり、相続権を失った者の相続分を承継する」（潮見21頁）ことです。例えば、祖父I（被相続人）の相続開始前に、その相続人となるべき者P（被相続人Iの長男）が死亡していたとき、ST（Pの長男・長女、被相続人Iの孫）がPに代わって被相続人Iの法定相続人となります（【017】参照）。

　現行民法887条2項ただし書は、「被相続人の直系卑属でない者は、この限りでない」と規定しています。養子が離縁したときは、「養子及びその配偶者並びに養子の直系卑属及びその配偶者と養親及びその血族との親族関係は、離縁によって終了する」（現民729）ことにより、「養子の相続も孫の代襲相続もおこらないことになる」（中川外224頁〔阿部浩二〕）と説明されています。

　現行民法887条3項は、「前項の規定は、代襲者が、相続の開始以前に死亡し、又は891条の規定に該当し、若しくは廃除によって、その代襲相続権を失った場合について準用する」と規定しています。これは、

被相続人の子の代襲に関する現行民法887条2項を準用することによっ
て、曾孫等に再代襲を認めるものです。例えば、曾祖父I（被相続人）
の相続開始前に、その相続人となるべき者P（被相続人Iの長男）が
死亡しており、かつ、Pの直系卑属T（Pの長女、被相続人Iの孫）
も死亡していたとき、V（Tの長女、Pの孫、被相続人Iの曾孫）が
PとTに代わって被相続人Iの法定相続人となります（【025】参照）。

（2）　直系卑属が法定相続人となる理由

現行民法887条1項は、「被相続人の子は、相続人となる」と規定して
います。これは、子を血族相続人のうちで最も優先するものです。そ
の理由としては、①家産的相続観に加えて、②生活保障的相続観があ
ると考えられます。

家産的相続観とは、①「家産は家の承継者に承継されるべきである
という考え方」（大村2003・221頁）、②「被相続人の財産はこの者の属す
る家族共同体に由来するものであり（『家産』という視点）、家族共同
体の中で蓄積され、承継されるべきであるとの考え方」（潮見5頁）です。
家産とは、「家」の財産のことです。その典型例は、先祖伝来の田畑で
す。先祖から承継した家産は、先祖→祖父→父→長男→孫→子孫とい
うように世代から世代へと承継されていくことが期待されました。子
を含む直系卑属を優先することは、明治民法から一貫して認められて
きました。これが子（直系卑属）の法定相続の理由となることは、①
「かつての家督相続（長子単独相続）はこの考え方によって説明でき
るが、日本法に関する限り、今日では妥当性が乏しくなっているもの
の、この要素が完全に払拭されたわけではない」（大村2003・221頁）、②
「代襲相続は家系に基づくものであるが、しかし、それだからといっ
てただちにそれが封建的ないしは家制度的なものということはでき
ず、財産承継の秩序としての合理性があれば、近代的な相続関係にそ
れを適用して少しもさしつかえがない」（加藤1962a・31頁）と説明され

ています。

(3)　直系卑属の法定相続分

現行民法900条は、「同順位の相続人が数人あるときは、その相続分は、次の各号の定めるところによる」として、1号で「子及び配偶者が相続人であるときは、子の相続分及び配偶者の相続分は、各2分の1とする」、4号本文で「子、直系尊属又は兄弟姉妹が数人あるときは、各自の相続分は、相等しいものとする」と規定しています。2013年改正前現行民法900条4号ただし書は、非嫡出子の法定相続分を、嫡出子の相続分の2分の1としていました。

現行民法901条1項は、「887条2項又は3項〔筆者注：被相続人の子の代襲相続及び再代襲相続〕の規定により相続人となる直系卑属の相続分は、その直系尊属が受けるべきであったものと同じとする。ただし、直系卑属が数人あるときは、その各自の直系尊属が受けるべきであった部分について、前条の規定に従ってその相続分を定める」と規定しています。これは、被相続人の子の代襲相続及び再代襲相続における相続分を「その直系尊属が受けるべきであったものと同じ」とするものであり、①「このような分け方を『株分け』と呼ぶ」(潮見外242頁〔本山敦〕)、②「株分け説の方が、最後の1人の子の生死という偶然によって左右されず、合理的であり、常識的でもある」(加藤1962a・31頁)と説明されています。

4　直系尊属（第2順位の血族相続人）

(1)　直系尊属とは

第2順位の血族相続人は、直系尊属です。直系とは「親子関係（の連続）によって血の繋がった者」(大村2014b・14頁)、「祖先と子孫の血族の関係」(末光2019・44頁)です。尊属は「世代が上の者」(大村2014b・14頁)、「ある人……からみてより古い世代（親を含み、親より古い世代）の

者」（末光2019・44頁）です。直系血族の「親等は、親族間の世代数を数えて、これを定め」（現民726①）ます。父母又は子は「直接ニ血統ノ継続セル者」（梅1912・6頁）であり、世代数は1であるため1親等です。祖父母及び孫は「子ヲ通シテ血統ノ継続セル者」（梅1912・6頁）であり、世代数は2であるため2親等です。例えば、被相続人Rに子（直系卑属）がいないとき、実母Kと（普通養子縁組をしたときの）養母Jが相続人となります（【029】参照）。

　(2)　直系尊属が法定相続人となる理由

　現行民法889条1項1号は、「887条の規定により相続人となるべき者がない場合」に相続人となる第1順位について、「被相続人の直系尊属。ただし、親等の異なる者の間では、その近い者を先にする」と規定しています。

　直系尊属が相続する理由としては、相続は、夫の死亡によって後に残される無収入の妻と子の生活を保障するためのものであるという考え方（生活保障的相続観）があると考えられます。直系尊属の相続権は、家産的相続観では説明できません。直系尊属は、被相続人からみてより古い世代であるためです。このことは、「子および卑属の相続権の場面で説明される『縦の共同生活』という要素は、逆相続となる尊属……の相続権を正当化する要素とはならない」（潮見外95頁〔冷水登紀代〕）と説明されています。

　直系尊属が相続するのは「887条の規定により相続人となるべき者」（現民889①）すなわち被相続人の子（及びその代襲相続人）がない場合ですから、「後に残される無収入の直系尊属の生活を保障するためのものであるという考え方」と言い換えてよいと考えられます。この点では、「『扶養をうけている』ということを根拠として相続権を正当化するという考え方……は本条〔注：現行民法889条〕でも意味をもつ」（潮見外95頁〔冷水登紀代〕）という説明も参考になります。

　直系尊属の相続権は、家産的相続観では説明できません。直系尊属は、被相続人からみてより古い世代であるためです。このことは、「子および卑属の相続権の場面で説明される『縦の共同生活』という要素は、逆相続となる尊属……の相続権を正当化する要素とはならない」（潮見外95頁〔冷水登紀代〕）と説明されています。

　(3)　直系尊属の法定相続分

　現行民法900条は、「同順位の相続人が数人あるときは、その相続分は、次の各号の定めるところによる」として、2号で「配偶者及び直系尊属が相続人であるときは、配偶者の相続分は、3分の2とし、直系尊属の相続分は、3分の1とする」、4号本文で「子、直系尊属又は兄弟姉妹が数人あるときは、各自の相続分は、相等しいものとする」と規定しています。

5　兄弟姉妹と甥姪（第3順位の血族相続人）

　(1)　兄弟姉妹（甥姪）とは

　第3順位の血族相続人は、兄弟姉妹（及びそれを代襲する甥姪）です。兄弟姉妹とは、被相続人の2親等の傍系血族です。傍系血族とは「互いに祖先と子孫の関係にはないが、祖先を同一とする者相互の血族の関係」（末光2019・44頁）です。「傍系親族の親等を定めるには、その1人又はその配偶者から同一の祖先にさかのぼり、その祖先から他の1人に下るまでの世代数に」（現民726②）よります。兄弟姉妹は、同一の祖先（父母）にさかのぼる世代数が1、そこから下る世代数も1であるため、2親等です。例えば、被相続人Ⅰに子（直系卑属）がなく、直系尊属BCDEが先に死亡していたとき、兄弟姉妹FGが相続人となります（【037】参照）。

　現行民法889条2項は、「887条2項の規定〔筆者注：被相続人の子の代襲相続〕は、前項2号の場合〔筆者注：被相続人の兄弟姉妹〕について

準用する」と規定しています。このことは、「相続人である兄弟姉妹Ａ
ＢＣのうち、Ａが死亡していた場合に、ＢＣだけで相続して、Ａの子
であるＸＹなどに代襲相続させないというのは、公平を失するように
思われる。もしＡが生きていれば、Ａの相続した分が、ＸＹらに相続
されることになるのに、Ａが被相続人より先に死亡したからとって、
Ａの系統に遺産が全く行かないことになるのは、不公平であり不合理
であると考えられ、それを是正するものがまさに代襲相続の制度」(加
藤1980・75頁)と説明されています。

　(2)　兄弟姉妹と甥姪が法定相続人となる理由

　現行民法889条1項2号は、「887条の規定により相続人となるべき者
がない場合」に相続人となる第2順位について、「被相続人の兄弟姉妹」
と規定しています。

　兄弟姉妹が相続する理由としては、相続は、夫の死亡によって後に
残される無収入の妻と子の生活を保障するためのものであるという考
え方(生活保障的相続観)があると考えられます。

　兄弟姉妹が相続するのは、被相続人の子(及びその代襲相続人)が
なく、直系尊属もない場合です。したがって、「後に残される無収入の
兄弟姉妹の生活を保障するためのものであるという考え方」と言い換
えてよいと考えられます。ここでは、①「『扶養をうけている』という
ことを根拠として相続権を正当化するという考え方……は本条〔注：
現行民法889条〕でも意味をもつ」(潮見外95頁〔冷水登紀代〕)ことに加え
て、②「着目すべきは、兄弟姉妹は、共通の親の下で、同一の核家族
の構成員であったことが多いという事実である。やや分析的に言い換
えれば、兄弟姉妹は、共通の親を持つという点で、①血族の中でも親
子に次ぐ近しい関係(2親等)にある、同一の核家族に所属していたと
いう点で、②長く密接な共同生活の経験を持っていた、ということ」
(大村2009・61頁)という説明も参考になります。

　兄弟姉妹の相続権は、家産的相続観では説明できません。兄弟姉妹は、傍系血族であるためです。このことは、「子および卑属の相続権の場面で説明される『縦の共同生活』という要素は……傍系血族である兄弟姉妹等の相続権を正当化する要素とはならない」（潮見外95頁〔冷水登紀代〕）と説明されています。

（3）　兄弟姉妹と甥姪の法定相続分

　現行民法900条は、「同順位の相続人が数人あるときは、その相続分は、次の各号の定めるところによる」として、3号で「配偶者及び兄弟姉妹が相続人であるときは、配偶者の相続分は、4分の3とし、兄弟姉妹の相続分は、4分の1とする」、4号で「子、直系尊属又は兄弟姉妹が数人あるときは、各自の相続分は、相等しいものとする。ただし、父母の一方のみを同じくする兄弟姉妹の相続分は、父母の双方を同じくする兄弟姉妹の相続分の2分の1とする」と規定しています。

　現行民法901条2項は「前項の規定は、889条2項の規定により兄弟姉妹の子が相続人となる場合について準用する」と規定しており、同条1項は、「887条2項又は3項〔筆者注：被相続人の子の代襲相続及び再代襲相続〕の規定により相続人となる直系卑属の相続分は、その直系尊属が受けるべきであったものと同じとする。ただし、直系卑属が数人あるときは、その各自の直系尊属が受けるべきであった部分について、前条の規定に従ってその相続分を定める」と規定しています。これは、株分け説をとった現行民法901条1項を兄弟姉妹の子が代襲相続する場合に準用するものであり、ここでも株分け説によることになります。これは、被相続人の兄弟姉妹の代襲相続における相続分を「その直系尊属が受けるべきであったものと同じ」とするものです。「被相続人にABC3人の子があり、AのところにⅩⅩ、BのところにZという孫があったとする。……孫のXYZが子のABを代襲して相続するとすれば、株分けの形となり、XYZはそれぞれABの相続分を受け継ぐ

ことになるから、ＸＹが4分の1、Ｚが2分の1の相続分になる」（加藤1962a・30頁）という説明を参考にすると、被相続人に兄Ｐ・弟Ｑがあり、ＰのところにＲＳ、ＱのところにＴという姪があったとき、姪のＲＳＴが兄弟のＰＱを代襲して相続するとすれば、株分けの形となり、ＲＳＴはそれぞれＰＱの相続分を受け継ぐことになるから、ＲＳが4分の1、Ｔが2分の1の相続分になります。このことは、1962年改正について、「孫どうしの場合にも代襲相続になるとする株分け説をとれば、おい・めい〔筆者注：甥姪〕だけの場合にも、代襲相続権が認められることになる」（加藤1962a・35頁）と説明されました。

6　遺言相続の趣旨

　人の死亡によって開始する財産の包括的承継には、法律の規定に基づく方法（法定相続）のほかに、被相続人の意思表示に基づく方法（遺言相続）があります。例えば、遺言により相続分の指定（【051】参照）や遺贈（【052】参照）をすることができます。

　遺言は、「遺言者（被相続人）の最終意思を尊重し、これを実現するもの」（中込外5頁〔中込一洋〕）です。

　遺言相続が認められる理由としては、対価的相続観があると考えられます。対価的相続観とは、①「遺産は被相続人の生前の生活に対する支援に報いるために使われるべきだという考え方」（大村2003・221頁）、②「遺産は自分の財産なのだから、遺言によって自由に処分してよい、という考え方」（大村2014b・160頁）、③「被相続人が、将来における自己または配偶者の扶養・介護をおこなう者を求めて、その意思により、遺言を書いたり、生前贈与をしたりするものであると捉え、このことを積極的に評価する考え方」（潮見5頁）です。

　対価的相続観は、①「これによれば、形式的な均分相続は必ずしも公平だとは言えず、生前の財産関係を実質的に考慮に入れた調整が必

要であることになる。また、実際に支援を与えた人に報いるために遺言の活用がすすめられることになろう」（大村2003・221頁）、②「その背後には、高齢化が進んだために、子どもに財産を残す必要が減るとともに、自分の老後の生活をどうするかが大きな問題になってきたという事情がある」（大村2014b・160頁）と説明されています。

7　遺留分の趣旨

　遺言相続の効力には、「遺留分」という限界があります。これは、法定相続人のうち直系血族（子・孫等の直系卑属、直系尊属）を保護するため、一定の範囲において被相続人の財産処分の自由を制限するものです。遺留分を有するのは「兄弟姉妹以外の相続人」（現民1042①、2018前現民1028）であるため、兄弟姉妹の相続権は「遺言によって被相続人が自由に奪うことが可能」（大村2017a・72頁）です。例えば、被相続人Rが妻Vにすべての遺産を相続させる旨の遺言をした場合、祖父母BCは遺留分を請求することができます【053】参照）。

　遺留分は、法定相続と遺言相続のバランスを調整するものです。このことについて、「第9章は遺言に関する規定かと言えば、確かに遺言がなければ遺留分は問題にならないという意味ではその通りである。しかしながら、法定相続分がなければやはり遺留分は問題にならない。その意味では第9章は法定相続と遺言相続を調整する部分であると言える。第7章が遺言の一部について定めるだけであることをも考慮に入れるならば、第5編は法定相続と遺言相続に分かれるという見方自体が実は適切ではなく、第5編では法定相続・遺言相続が組み合わさっており、そのどちらにウエイトを置くかにつき見解が分かれていると見るべきなのだろう。ちなみに私自身は、第5編は法定相続に重点を置いて作られているが、従来、付随的なものとされてきた遺言相続の

実際上・理論上の位置づけが変わりつつあるというのが現状であると
理解している」（大村2020・301頁）という指摘があります。

第2　相続法の沿革

1　現行民法の改正等

（1）　2021年改正

　いわゆる所有者不明土地問題解決等のために、民法等を一部改正す
る法律（2021（令和3）年法律24号）が2021（令和3）年4月21日に成立・
同年4月28日に公布されました。法律案の提出理由は、「所有者不明土
地の増加等の社会経済情勢の変化に鑑み、所有者不明土地の発生を防
止するとともに、土地の適正な利用及び相続による権利の承継の一層
の円滑化を図るため……具体的相続分による遺産分割を求めることが
できる期間の制限等に関する規定の整備を行うとともに、相続等によ
る所有権の移転の登記の申請を相続人に義務付ける規定の創設等を行
う必要がある」というものでした。この改正により、①特別受益主張
の期間制限（【049】【090】参照）や、②相続登記申請義務（【091】参
照）が生じます。

（2）　2018年改正

　2018（平成30）年法律72号による現行民法の一部改正により、①配
偶者居住権（【050】【092】参照）、②相続人以外の者の特別の寄与（【046】
参照）が認められ、③遺留分の請求は「減殺」から「侵害額請求」に
変更されました（【053】参照）。

（3）　2013年改正

　2013（平成25）年法律94号による現行民法の一部改正により、非嫡

出子の相続分が変更されました。これは、判例（最大決平25・9・4民集67・6・1320）が非嫡出子の相続分を嫡出子の相続分の2分の1とすることは遅くとも2001（平成13）年7月当時に憲法14条に違反していたと判示したことを受けたものです（【004】【093】参照）。

　(4)　1987年改正

　1987（昭和62）年法律101号による現行民法の一部改正により、特別養子が創設されました（【007】参照）。

　(5)　1980年改正

　1980（昭和55）年法律51号による現行民法の一部改正により、配偶者の相続分が変更されました。現在は、①子と相続するときは1/2（現民900一）、②直系尊属と相続するときは2/3（現民900二）、③兄弟姉妹と相続するときは3/4（現民900三）であるのに対し、1980年改正前は、①子と相続するときは1/3（1980前現民900一）、②直系尊属と相続するときは1/2（1980前現民900二）、③兄弟姉妹と相続するときは2/3（1980前現民900三）でした（【014】【094】参照）。

　1980年改正の際、「配偶者相続権を3分の1から2分の1に引き上げたことは、財産分与の額を間接的に引き上げることにもなるだろうと期待される。また、2分の1という相続権は、たまたま対等の共有持分の2分の1と一致するので、夫の所得について潜在的に2分の1の持分があるという事実上の推定を生み、財産分与において妻に有利に働く」（加藤1980・74頁）と説明されました。

　生活保障的相続観からは、子の数や婚姻年数等に応じて配偶者の相続分を調節し、段階的に割合を変えるという立法もあり得ます。これは1980年改正の際に検討されましたが、採用されませんでした。その理由は、「細かく規定をすればするほど、かえって実情に合わない不都合な結果を生じる場合もふえていくことになるし、相続法が簡明であ

るという要請にも反することになる。さらに、妻の相続分は、妻の労働ないし内助の功に報いるというだけではなく、夫婦の一体性・共同性に由来するものでもあるから、婚姻期間で区別することは理念的にも問題がある」（加藤1980・74頁）と説明されました。

　また、1980年改正前現行民法889条2項は、「887条2項及び3項の規定は、前項2号〔筆者注：被相続人の兄弟姉妹〕の場合にこれを準用する」と規定していました。ここでは、887条3項も準用していたことが重要です。このことは、1980年改正前は、子の子（孫）等の代襲相続と同様に、兄弟姉妹の代襲も制限されていなかったこと、すなわち、兄弟姉妹の子の代襲者が相続の開始以前に死亡したとき等に再代襲相続が認められていたことを意味します（【039】参照）。

　(6)　1962年改正

　1962（昭和37）年法律40号による現行民法の一部改正により、①「子」が血族相続人のうち最優先されること（【017】【095】参照）や、②同時死亡の場合の権利義務（【096】参照）が明文化されました。

　(7)　1947年成立（明治民法の全面改正）

　1947（昭和22）年法律222号による民法第4編・第5編の全面改正は、日本国憲法の制定を受けたものです。憲法24条は、1項で「婚姻は、両性の合意のみに基いて成立し、夫婦が同等の権利を有することを基本として、相互の協力により、維持されなければならない」、2項で「配偶者の選択、財産権、相続、住居の選定、離婚並びに婚姻及び家族に関するその他の事項に関しては、法律は、個人の尊厳と両性の本質的平等に立脚して、制定されなければならない」と規定しています。これは、「共同生活をする親族的集団（ファミリー）の中の人びとと、夫婦や親子その他の血族・姻族の相互の間の身分関係を規律する法律もまた、民主主義の根本原理である個人の尊厳と両性の本質的平等の原則に従って定められなければならないことを宣言したもの」（我妻1974・

309頁）です。

　この全面改正については、①「目標は、『日本国憲法の施行に伴い、民法について、個人の尊厳と両性の本質的平等に立脚する……措置を講ずる』（応急措置法1条）という点にあった。個人の尊厳の観点から戸主権の廃止は不可避であり（同法3条、4条参照）、男女平等の観点からは夫婦間の権利義務における平等化も当然の帰結であった（同法2条、5条、6条参照）。また、2つの原理を組み合わせれば、子の間の平等も導かれる。それゆえ長子単独相続（家督相続）は均分相続（遺産相続）に変更されざるをえなかった（同法7条参照）。このような改正は、実質的に見て『家』の制度を廃止するものである」（大村1999・175頁）、②「47年改正は夫婦の平等を実現しただけではない。そこではさらに、妻の地位の向上がはかられた。制度上は、生存配偶者に第1順位の相続権が認められるとともに（応急措置法8条2項参照。現890条）、離婚に際して一方配偶者から他方配偶者に対する財産分与請求権が認められたのであり（現768条）、『妻』のみが権利を得たわけではないが、実質的に見れば、これらの規定は妻の保護のためのものであるということができる」（大村1999・177頁）と説明されています。

　(8)　応急措置法

　日本国憲法の施行に伴う民法の応急的措置に関する法律（1947（昭和22）年法律74号）は、現行民法の1947（昭和22）年成立（明治民法の全面改正）までのものです。そこでは、①家督相続に関する規定は適用しないこと（応措7①）、②遺産相続に関する規定に従うのが原則であること（応措7②）等が規定されました（【099】参照）。

　この法律は、「文字どおり応急措置のためのものであったが、それゆえにかえって、来るべき全面改正の基本方針が集約的に表現されている」（大村1999・170頁）と評価されています。

2　明治民法

(1)　1942年改正

1942（昭和17）年法律7号による明治民法の一部改正前は、胎児に関する規定がなく（【100】参照）、条文に「私生子」という文言がありました。1942年改正前明治民法827条は、1項で「私生子ハ其父又ハ母ニ於テ之ヲ認知スルコトヲ得」、2項で「父カ認知シタル私生子ハ之ヲ庶子トス」と規定し、同法970条1項4号は、「親等ノ同シキ嫡出子、庶子及ヒ私生子ノ間ニ在リテハ嫡出子及ヒ庶子ハ女ト雖モ之ヲ私生子ヨリ先ニス」と規定していたのです。

庶子と私生子は、父に認知されたか否かによって区別されました。すなわち、庶子とは「父に認知された非嫡出子」（末光2017・19頁）であり、私生子とは「父に認知されていない非嫡出子」（末光2017・20頁）です。歴史的経緯については、①「明治3年12月20日……新律綱領は……妾を、妻とともに夫の2親等すなわち配偶者と位置づけ、次いで、明治6年1月18日の太政官第21号布告において……妾が生んだ子（庶子）を私通の婦女が生んだ子（私生子）を区別した」（村上2003・110～111頁）、②「明治民法は、従来の事実婚容認を改めて法律婚主義と一夫一妻制を徹底する一方、戸籍に登記されない私通・妾あるいは内縁関係から生まれる私生子の権利を保護するために、私生子が父の認知を受けて庶子となる道を開いた」（村上2003・110頁）、③「当初、妾の生んだ子を意味するにすぎなかった『庶子』は、父の認知を受けた『私生子』をも意味する」（村上2003・295頁）と説明されています。

(2)　1898年成立

明治民法は、1898（明治31）年6月21日法律9号によって成立しました。明治民法には、遺産相続と家督相続がありました。現行民法における相続は、遺産相続に似ています。このことは、「基本的編成に関す

る限り、現行民法は明治民法を踏襲していることがわかるだろう。外観だけから言えば、明治民法の親族編から『戸主及び家族』を、相続編から『家督相続』を削除したのが、現行民法であると言える」（大村2012・60頁）と説明されています。

第3　明治民法の特色

1　2つの相続

　明治民法の法定相続とは、「一定の親族的身分関係にある者の間において、一方が死亡又は戸主権を喪失した場合に、他の者が法律上の地位を承継すること」（大里435頁）です。これには、遺産相続と家督相続がありました。

　遺産相続は、「家族」について共同相続を認めたもので、現行民法の相続の基礎とされました。しかし、第1順位を直系卑属、第2順位を配偶者としていたため（明民994・996）、直系卑属がいる限り、配偶者は法定相続人となりませんでした。

　明治民法の家督相続は、「戸主」の地位を承継するものであり、現行民法の相続とは全く異質なものでした。その第1順位である法定家督相続人は「家族タル直系卑属」（明民970）であり、それが複数いるときに1名を選ぶ基準も法定されていました。その根本構造は、①「戸主権によって統轄される『家』という一団をもって親族共同生活の単位となし、夫婦の関係も、親子の関係も、すべてこの『家』の制度によって制約される……。具体的な例を挙げれば……子が戸主たる親を相続する場合には、長男1人の家督相続となり、その弟姉妹は何物をも相続しえない」（我妻1974・309～310頁）、②「後継ぎがいなくては困りますの

で……他の女との間で子を作って『家』の中へ入れることが、かなり
認められて」（星野1986・348頁）いました。

2　「家」とは

　戸主が中心人物である「家」は、有形の建物ではなく、「籍」のこと
です。このことは、①「『家』とは、有体物としての家屋を意味したり、
同一の家屋内で共同生活を営む現実の生活集団を指すのではなく、親
族の中に更に狭い範囲の親族を限って、戸主と家族からなる一層緊密
な支配服従の関係を認め、これを社会の構成単位としたものである。
そしてそれは、個人を超える、祖孫一体の血縁集団として、守らなけ
ればならないものとされた」、②「家ト云フハ有形ノ家屋ヲ謂フニ非ス
法律上ノ家籍ヲ謂ヘルモノ」（梅1912・13頁）と説明されました。これは、
「戦前の法律家にとっては常識に属する用語法」（大村2015・323頁）で
したが、現在では違和感がある人が多いでしょう。この特別の意味で
あることを示すために、現在では、鍵括弧を付した「家」と表記する
のが通例です。

　「家」は、「戸主の親族のうち一定の範囲のものを『家族』として切
り出す基準」（大村2015・389頁）として機能していました。この「家」
は、「その成員の交替にかかわらず、永続性を前提とし、それ自体不分
割の社会単位として社会組織の核を形成するもの」（中根・101〜102頁）
です。そして、有形の「家（建物・屋敷）は継承線の所在を具体的に
表現しているものとして象徴的な意味」（中根・103頁）を持っていまし
た。

3　戸主とは

　戸主とは、「家」の中心人物でした。これは社会の進歩と同時に「漸

次消滅スヘキ事項」ではあるものの「現今尚ヲ存スル所」（梅1912・13
頁）と説明されました（【070】参照）。

　施行されなかった旧民法（明治民法の前に成立した民法）人事編243
条1項には「戸主トハ一家ノ長」と規定されていたのと異なり、明治民
法に定義規定はありません。「定義は明治民法でも変わっていないが、
『戸主』という言葉自体がこのことを意味しているので、定義規定は
不要とされた」（大村2015・322頁）と説明されています。このことは、①
「家には、その家長としての身分をもつ戸主がおり、戸主には家の統
率者として家族に対する私法上の一定の権限と義務（戸主権）が定め
られていた。この戸主の地位と、戸主のもつ財産（先祖から相続した
いわゆる家産というべきものと戸主の個人的な財産は区別されていな
かった）は、いわゆる家督相続によって承継された。戸主は戸籍の形
式面からみれば、戸籍の筆頭に記載され、現行法の戸籍の筆頭者と同
じように本籍と戸主の氏名によって戸籍が特定され、戸籍簿の索引的
機能をなす面をもっていた。すなわち、家の登録である戸籍は、本籍
と戸主の氏名によって家を特定し、戸主は家の公示方法の1つとして
採用された。しかし戸主は現行法の戸籍の筆頭者とは全く異なり、戸
主には……家族に対する強大な権限が付与されていた」（大里84頁）、②
「戸主ハ家族ニ封シ一定ノ権利義務ヲ有シ其間ニ自ラ一ノ團體ヲ成セ
リ」（梅1912・13頁）と説明されています。

4　家族とは

　明治民法732条は、家族を「戸主ノ親族ニシテ其家ニ在ル者及ヒ其配
偶者」と定義していました。家族とは、「家を構成する者で戸主でない
者」（大里81頁）です。家族は、その「家」の氏を称し（明民746）、戸主
の扶養を受け（明民747）、財産を特有する権利（明民748）を持つととも

に、戸主権に服する義務がありました。

　明治民法732条1項が「戸主ノ親族ニシテ其家ニ在ル者及ヒ其配偶者ハ之ヲ家族トス」と規定していたため、戸主の親族であっても、その「家」にある者でなければ、家族とはいえません。ここにいう「家」は、有形の建物ではなく、「籍」のことです。

　それでは、いかなる者が「家」に在ったのでしょうか。「この問いには2種類の答えが与えられていた」（大村2015・389頁）と説明されています。

　1つ目の答えは、形式的に判断するものです。具体的には、「『同一の（その家の）戸籍に記載された』という基準」（大村2015・389頁）によって判断します。このことは、①「同一戸籍ニある者ハ即チ同一ノ家ニある者」（梅1912・15頁）、②「相続登記の実務においては、『家』と『戸籍』とは同じであり、同一の家にある者は、同一の戸籍に記録される」（末光2017・16頁）、③「明治民法では、戸主と同一の戸籍にある者が家族であったのである。家族の中にはしばしば複数の夫婦が含まれ（親夫婦と子夫婦など）、また、三世代以上（親・子・孫など）が含まれることが多かった」（大村2014a・9頁）と説明されています。そのため、戸主の家族を確定する際に、戸籍を確認することは重要です。しかし、「『家族』は同一戸籍に記載されるという考え方からすれば、これは基準ではなく結果にすぎない」（大村2015・389頁）ことになります。

　2つ目の答えは、実質的に判断するものです。これは、「親族編の各所には『家』への帰属とその変動を定める規定が配置されている。誰が、戸主の『家ニ在ル』か否かは、具体的にはこれらの規定によって定まることになる」（大村2015・389頁）と説明されています。例えば、明治民法861条は「養子ハ縁組ニ因リテ養親ノ家ニ入ル」と規定していましたから、戸主A男の弟B男が他家の戸主Cの養子になったときは、弟B男は戸主A男の家族ではないことになりました。また、「明治民法

には、『離籍（旧749条・750条）』の規定があった。親子関係自体はなくならないが、『家族』ではなくなるので、戸主の扶養義務はなくなり、また、家督相続権が失われた」（大村2017a・70頁）という指摘もあります。

5　明治民法における「子」

　子とは何か、という点について、明治民法には、現行民法と異なる点があります。それは、「家」制度との関係です。このことは、「明治民法においては、親子であることに固有の効果は定められていなかった。親子関係が認められることにより、子は親の家の中に組み込まれる。その結果として（直系の血族関係が生じる結果として）、氏や財産の承継も扶養の義務も生じると考えられていた」（大村2015・308頁）と説明されています。

　明治民法における子としては、まず、自然血族すなわち「実の血族の間柄」（末光2019・43頁）として、①嫡出子（【055】参照）、②庶子・私生子（【054】【075】参照）があります。また、法定血族すなわち「自然血族ではないものの、血族として扱われる間柄」（末光2019・44頁）として、③養子（【057】参照）、④継子（【056】参照）、⑤嫡母庶子（【058】参照）がありました。

第4　遺産相続（明治民法）

1　遺産相続（明治民法）の概要

(1)　遺産相続とは

　遺産相続は、現行民法の相続と同様、被相続人の残した財産を承継

するものです（【054】参照）。

（2）　家族の死亡による開始

明治民法992条は、「遺産相続ハ家族ノ死亡ニ因リテ開始ス」と規定していました。これは、現行民法の相続と同様、明治民法であっても遺産相続については死亡のみが開始原因であったことを意味します。これは、家督相続が隠居等によって生前に開始することもあるのと異なる点です。

遺産相続と戸籍の関係については、「遺産相続人は、家督相続の場合と異なり、誰が遺産相続人であるのか戸籍に記載はない」（末光2020・336頁）と説明されています。

2　直系卑属（第1順位の遺産相続人）

（1）　直系卑属が第1順位である理由

遺産相続人となるのは、第1に、直系卑属（親等の遠い者よりも近い者が優先、親等が等しい者の間では均分）です（明民994）。第2に、直系卑属がない場合には、①配偶者、②直系尊属（親等の遠い者よりも近い者が優先、親等が等しい者の間では均分）、③戸主、という順序によります（明民996）。現行民法と異なり、兄弟姉妹は相続人となりません。

直系卑属が最も優先される理由は、被相続人の「意思ヲ推測」（梅1913・98頁）すると、直系卑属は最も愛すべき者であり「財産ヲ相続スルニ付キ自然ノ順位ニある者」（梅1913・100頁）であるためと説明されました。これは、生活保障的相続観すなわち「夫の死亡によって後に残される無収入の妻と子の生活を保障するためのもの」（大村2014b・160頁）という考え方から説明できます。子を孫より優先することは、「父ヨリ子、子ヨリ孫ニ財産ヲ伝フルハ当然ノ順序」（梅1913・98頁）と

説明されました。

　代襲相続について、明治民法995条1項は、「前条ノ規定ニ依リテ遺産相続人タルヘキ者カ相続ノ開始前ニ死亡シ又ハ其相続権ヲ失ヒタル場合ニ於テ其者ニ直系卑属アルトキハ其直系卑属ハ前条ノ規定ニ従ヒ其者ト同順位ニ於テ遺産相続人ト為ル」と規定していました（【061】参照）。

　1942年改正によって加えられた明治民法995条2項は、「974条2項ノ規定ハ前項ノ場合ニ之ヲ準用ス」と規定していました。ここで準用されている明治民法974条2項も1942年改正によって加えられたものであり、「前項ノ規定ノ適用ニ付テハ胎児ハ既ニ生マレタルモノト見做ス但死体ニテ生マレタルトキハ此限ニ在ラス」と規定していました（【100】参照）。

(2)　直系卑属の法定相続分

　明治民法994条は、「被相続人ノ直系卑属ハ左ノ規定ニ従ヒ遺産相続人ト為ル」として、①「親等ノ異ナリタル者ノ間ニ在リテハ其近キ者ヲ先ニス」、②「親等ノ同シキ者ハ同順位ニ於テ遺産相続人ト為ル」を列挙していました。これは、①遺産相続において最も優先されるのは「直系卑属」であること、②直系卑属として子と孫がいたときは、子だけが遺産相続人となる（孫は遺産相続人とならない）こと、③複数の子はいずれも同順位において遺産相続人となる（共同相続である）ことを意味します（【055】【061】参照）。

　共同相続が認められた理由は、①遺産相続は財産のみの相続であるから可分であって「1人ノ相続人ニ其遺産ノ全部ヲ与ヘ他ノ者ニ1銭ヲモ与ヘサルノ理」（梅1913・95頁）がないこと、及び、②「子ヲ愛スルノ情ハ長幼、男女等ニ依リテ異ナルコトナク」（梅1913・96頁）、全ての子を相続人とするべきであることにあります。明治民法は、家督相続は

必ず1人が相続するもの（単独相続）とする一方で、遺産相続について
は共同相続となることを認めていました。これは、現行民法の相続と
同じです。遺産相続においては「相続人同時ニ数人アルコト稀ナリト
セサルカ故ニ」（梅1913・110頁）、各自の相続分を定める必要があり、遺
産相続の効力は「家督相続ノ効力ヨリモ複雑」（梅1913・109頁）と説明さ
れました。

　明治民法1004条は、「同順位ノ相続人数人アルトキハ其各自ノ相続
分ハ相均シキモノトス但直系卑属数人アルトキハ嫡出ニ非サル子ノ相
続分ハ嫡出子ノ相続分ノ2分ノ1トス」と規定していました。非嫡出子
の相続分が嫡出子の相続分と異なることは2013年改正前現行民法900
条4号と同じであり、「古今東西皆同シキ所」（梅1912・117頁）と説明され
ました。

3　配偶者（第2順位の遺産相続人）

　明治民法996条1項1号は、「前2条ノ規定ニ依リテ遺産相続人タルヘ
キ者ナキ場合ニ於テ遺産相続ヲ為スヘキ者」として、まず「配偶者」
を規定していました。これは、配偶者が第2順位の遺産相続人である
ことを意味します（【067】参照）。

　配偶者が第2順位の遺産相続人となる理由は、明治民法790条が「夫
婦ハ互ニ扶養ヲ為ス義務ヲ負フ」と規定していたことから「愛情ニ於
テモ亦夫婦間ノ義務ヨリスルモ……当ヲ得タルモノ」（梅1913・100頁）
と説明されました。これは、生活保障的相続観から説明できます。

4　直系尊属（第3順位の遺産相続人）

（1）　直系尊属が第3順位である理由

　明治民法996条1項2号は、「前2条ノ規定ニ依リテ遺産相続人タルヘ

キ者ナキ場合ニ於テ遺産相続ヲ為スヘキ者」として、配偶者の次に「直系尊属」を規定しました（【068】参照）。これは、直系卑属も配偶者もない場合には直系尊属が遺産相続人となることを認めるものであり、生活保障的相続観から説明できます。

(2) 直系尊属の法定相続分

明治民法996条2項は、「前項2号ノ場合ニ於テハ994条ノ規定ヲ準用ス」とし、同法994条は、「被相続人ノ直系卑属ハ左ノ規定ニ従ヒ遺産相続人ト為ル」として、①「親等ノ異ナリタル者ノ間ニ在リテハ其近キ者ヲ先ニス」、②「親等ノ同シキ者ハ同順位ニ於テ遺産相続人ト為ル」を列挙していました。これは、①直系尊属として親（父母）と祖父母がいたときは親だけが相続する（祖父母は相続しない）こと、②複数の親はいずれも相続する（共同相続である）ことを意味します。

5 戸主（第4順位の遺産相続人）

明治民法996条1項3号は、「前2条ノ規定ニ依リテ遺産相続人タルヘキ者ナキ場合ニ於テ遺産相続ヲ為スヘキ者」として、配偶者・直系尊属の次に「戸主」を規定していました。これは、直系卑属も配偶者も直系尊属もない場合について、戸主が遺産相続人となることを認めるものです（【070】参照）。

このことは、「最後の受皿として戸主が用意されているため、遺産相続人の範囲は広くない。被相続人の近親者が相続するのでない限り、家族の財産は家の財産に吸収してしまえばよいということだろう。言い換えれば、近親者の生活保障の限度で、遺産相続は認められている」（大村2015・380頁）と説明されています。

第5　家督相続（明治民法）

1　家督相続（明治民法）の概要

(1)　家督相続とは

　家督相続には、明治民法における「戸主」という身分を相続するという側面がありました。この側面において、財産を承継するにすぎない遺産相続と区別されていたのです。親族法によって構成された「家」が家督相続の対象であったため、「親族編第2章『戸主及ヒ家族』と相続編第1章『家督相続』とは不即不離の関係」（大村2015・375頁）でした。

　家督相続と戸籍の関係については、「家督相続が開始した場合は、原則として、家督相続の届がされることから、戸籍において、誰が家督相続人であるのか判明する。そのため、戸主が死亡するなどして家督相続が開始しているにもかかわらず、家督相続の届に関する記載がないときは、現代においては、それは家督相続人の不選定であると判断するとも考えられる。しかしながら、このような場合であっても、必ずしも家督相続人の不選定であると判断することができない場合もある。これは、そもそも、家督相続の届が未了である場合があったことにより、その他、家督相続の届がされない入夫婚姻の場合や……絶家の場合などがあったことによる」（末光2020・394頁）と説明されています。

　家督相続には、「家」の財産（家産）を承継するという側面もありました。この側面は、①「身分相続の効果として、家産の管理権も新しい戸主に移転することになる」（大里436頁）、②「相続は『家』の存続のためにあると考えられていた。家の財産が戸主から戸主に継承されるというわけである」（大村2014b・160頁）、③「先祖伝来の田畑は、通常は、取引によって処分されることはなく、相続によって父から子（主

として長男）へと承継されたのである。それゆえ、『家』の財産（『家産』）の承継に関するルールである相続法は、極めて重要な意味を持っていた」（大村2003・25頁）と説明されています。

　身分の承継という側面については、①「かつては、相続とは財産の承継だけでなく、人格の承継であり、また、祭祀の承継であると理解されていた」（大村2017a・19頁）、②「戸主を中心とする『家』制度的な考え方からすれば……中心人物である家長が死亡すると、家長の身分を継承する者を定めることが要請される」（大里435～436頁）、③「"家を継ぐ"というのは家長という地位の継承であり、その家（建物）ならびに一定の財産（土地）はその継承に付随しており、兄弟に財産（土地）の分与が行われる場合にも、家（建物）はその対象とはならない」（中根・103頁）と説明されました。このことは、「死者と相続人との間には、今の世代と次の世代をつなぐ相続的協同関係があり、この異時代的縦の協同関係が相続権の根拠であるとされる。この縦の協同関係という観念は、無限に続く『家』を前提とするものであって、構成員の生死を超越して継続する観念的集団である無限家族の家産管理のための家督相続を説明するうえで優れている」（大里439頁）と説明されました。

　（2）　戸主の死亡による開始

　死亡は、明治民法においても相続の開始原因とされていました（明民964一）。その理由は、死亡した人（被相続人）は権利能力を失うため、別の人に、その地位を承継させる必要があるという点にありました。

　（3）　戸主生存中の開始原因

　現行民法と異なり、戸主の死亡以外の開始原因もあり、生前に家督相続が開始することもありました。

　家督相続は、隠居（【071】参照）によっても開始しました（明民964一）。隠居は、隠居者及び、その家督相続人より、戸籍法上の届出があ

ることで効力が生じました（明民757）。隠居者は、新たな戸主の家族と
なりました。また、女戸主は、年齢にかかわらず、隠居することができ
き、有夫の女戸主が隠居するには、その夫の同意を得ることを要し、
その夫は、正当の理由がなければ、その同意を拒むことはできないと
されていました（明民755）。

　家督相続では、国籍喪失も開始原因とされていました（明民964一）。
このことは、「戸主は日本人でなければならないという考え方」（大村
2017a・23頁）によると説明されています。

　家督相続では「戸主カ婚姻又ハ養子縁組ノ取消ニ因リテ其家ヲ去リ
タルトキ」も開始原因とされていました（明民964二）。去家とは、「家に
ある者がなんらかの原因でその家を去ること」（大里88頁）でした。こ
れが開始原因となるのは、戸主は「家」の中心人物であり、家を去っ
た者がなることは適切でないためです。

　家督相続では「女戸主ノ入夫婚姻」も開始原因とされていました（明
民964三）。この場合には、入夫を戸主とすることが原則とされていま
した（【079】参照）。

　家督相続では「入夫ノ離婚」も開始原因とされていました（明民964
三）。この場合は、女戸主に戻るのではなく、法定家督相続人が相続人
となりました（【080】参照）。

2　単独相続

　家督相続は、家産的相続観に基づいていました。

　家督相続は、必ず1人が相続するもの（単独相続）でした。その理由
については、①戸主という身分は不可分であり、「家名ヲ維持シ家産ヲ
強固ニスル為メ」（梅1913・95頁）には1人の相続人が家産の全部を取得
することが必要であること、②「家督相続は戸主権相続であるから必

然的に『1人相続主義』をとることになる。1家に2人の家督相続人とい
うことはありえず、また、1人が2家の家督相続人となるということは
ない」（大里452頁）こと、③「戸主権は家族団体を統率する支配権とし
て1人相続を必要とする……家族団体は先祖伝来の耕地の上にその労
働力を結合して農業的生産に従事した。……戸主権の存在すること
は、家族団体の生産的活動を維持するために、欠くべからざることで
ある。また戸主の死亡は農業経営の総指揮者の更代として長男子1人
相続を要求すること」（我妻1969・3〜4頁）が指摘されました。このよう
に家督相続において相続人は必ず1人であり、「戸主権ト財産ノ全部」
（梅1913・109〜110頁）が単独相続されるため、複雑な問題を惹起するこ
とは稀でした。

3　家督相続人

(1)　法定家督相続人（家族タル直系卑属）

　明治民法970条1項は、「被相続人ノ家族タル直系卑属ハ……家督相
続人ト為ル」と規定していました。これは、「第1順位の家督相続人と
しての被相続人の家族たる直系卑属の相続順位を定めた原則規定」（小
石3頁）です。明治民法における「子」については、現行民法と異なり、
継子・嫡母庶子があることに注意が必要です。

　明治民法970条にいう「直系卑属」は、「血族たる直系卑属のみを指
し、姻族のそれを含まないとされている。家督相続が血統相承を本義
とせる点から見るも当然の事柄といえよう。……しかし血族である以
上、自然血族たると法定血族であるとを区別しない。従って継子また
は庶子も継親または嫡母に対し法定血族としての相続権を有する」（小
石14〜15頁）と説明されています。

　遺産相続の第1順位である直系卑属と異なり、家督相続においては

「家族タル」という限定があります。これは、戸主という「家」の中心人物の身分を承継するという側面があるためです。この限定があるため、被相続人の直系卑属であってもその家族でない者は、法定家督相続人になりません。この限定は、「相続開始の時を標準として定められる」（小石3頁）ものでした。「家族タル」という限定は相続開始時を標準とするため、「婚姻又は養子縁組によって一旦他家へ去った者であっても、相続開始の時までに実家に復籍したときは本条〔注：明治民法970条〕の家督相続人たり得る」（小石3頁）ことになりました。

　明治民法1020条は、「法定家督相続人ハ放棄ヲ為スコトヲ得ス但984条ニ掲ケタル者ハ此限ニ在ラス」と規定していました。この本文は、慣習に従って直系卑属が法定家督相続人であるときは放棄を許さないとしたものであり、「家」を重視する慣習から生じた結果として「一旦家督相続ヲ認ムル以上ハ蓋シ已ムコトヲ得サル所」（梅1913・158頁）と説明されました。

　(2)　法定家督相続人が数人あるとき

　明治民法970条1項は、被相続人の「家族タル直系卑属」が数人あるときに家督相続人を決める基準として、順位①（親等の近い者を優先）「親等ノ異ナリタル者ノ間ニ在リテハ其近キ者ヲ先ニス」（【072】参照）、順位②（男を優先）「親等ノ同シキ者ノ間ニ在リテハ男ヲ先ニス」（【073】参照）、順位③（嫡出子を優先）「親等ノ同シキ男又ハ女ノ間ニ在リテハ嫡出子ヲ先ニス」（【074】参照）、順位④（女戸主：庶子を優先）「親等ノ同シキ者ノ間ニ在リテハ女ト雖モ嫡出子及ヒ庶子ヲ先ニス」（【075】参照）、順位⑤（年長者を優先）「前4号ニ掲ケタル事項ニ付キ相同シキ者ノ間ニ在リテハ年長者ヲ先ニス」（【076】参照）、を列挙していました。これは、「①家督相続人は1人である（単独相続）、②被相続人の卑属であり、血縁の近いものが優先する（血の流れに従

った相続）、③原則として長男が相続する（嫡出子・男子・年長者優先の相続）。しかし、非嫡出子（女子に優先）・女子（私生子に優先）が相続することもある」（大村2017a・19頁）と要約できます。

　この基準は、法定の推定家督相続人の順位、すなわち「被相続人の家族たる直系卑属が数人ある場合、その中の何れを相続人と為すべきかにつき民法の定めた一般的順位」（小石18頁）でした。被相続人の「家族タル直系卑属」（明民970）が法定の推定家督相続人であったところ、「家ニ数人ノ直系卑属アルコト最モ多キカ故ニ」（梅1913・27頁）、その数人の中から家督相続人となる1人を決めるための順位が規定されたのです。

（3）　法定推定家督相続人

　法定推定家督相続人とは、「法定ノ推定家督相続人」（明民975）です。これは、①「現在の状態のままで相続が開始すれば家督相続人になるであろう者」（大里44頁）、②「家督相続が開始していないときに、ある時点で家督相続が開始したとすると、その時点で第1種法定家督相続人の順序に従って最優先で第1種法定家督相続人になるべき直系卑属」（末光2019・171頁）と説明されました。

　明治民法744条は、1項で「法定ノ推定家督相続人ハ他家ニ入リ又ハ一家ヲ創立スルコトヲ得ス但本家相続ノ必要アルトキハ此限ニ在ラス」、2項で「前項ノ規定ハ750条2項ノ適用ヲ妨ケス」と規定していました。そして、明治民法750条2項は「戸主ハ其婚姻又ハ養子縁組ノ日ヨリ1年内ニ離籍ヲ為シ又ハ復籍ヲ拒ムルコトヲ得」と規定していました。これは、「家」を安定的に承継していくためには、次の戸主となる可能性がある人が「家」にあり続けるよう拘束しておく必要があったためです。

　実際に家督相続人になるか否かは、相続開始の時にならなければ確

定されません。例えば、ある女子がその「家」の法定の推定家督相続人とされていても、相続開始の時までに男子が出生したときは、その地位を失うことになりました（明民970②）。

（4）　指定家督相続人

法定家督相続人がいないときは、被相続人が家督相続人を指定することができました（【084】参照）。

（5）　第1種選定家督相続人

法定家督相続人も指定家督相続人もいないときは、配偶者等から家督相続人を選定しました（【085】参照）。

（6）　直系尊属

法定家督相続人も指定家督相続人も第1種選定家督相続人もいないときは、直系尊属が家督相続人となりました（【086】【087】参照）。

（7）　第2種選定家督相続人

法定家督相続人も指定家督相続人も第1種選定家督相続人も直系尊属もいないときは、分家の戸主等を優先しつつ「他人」をも対象として家督相続人を選定しました（【088】【089】参照）。

第2章　民法・応急措置法による相続
第1　子が相続人となるケース

【001】　被相続人（ 甲＝I ）に妻と非嫡出子1人がいるとき

▶キーワード　事実上の離婚・内縁

〔親族関係〕

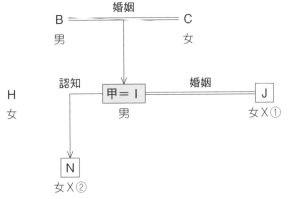

〔相続人・相続分〕

J（配偶者）	1/2
N（非嫡出子）	1/2

〈被相続人が1980（昭和55）年12月31日以前に死亡した場合〉

J（配偶者）	1/3
N（非嫡出子）	2/3

```
ポイント
```

　配偶者と子が同順位で相続人となります（現民887①・890）。

　「婚姻は、戸籍法（昭和22年法律224号）の定めるところにより届け出ることによって、その効力を生ずる」（現民739①）ため、配偶者として相続するのは婚姻届を提出していた者に限られます。夫婦としての共同生活の実体はあるものの婚姻届を提出していない者（内縁の配偶

者）は、現行民法890条にいう「配偶者」には含まれません。内縁の配偶者が法定相続人とならない理由は、「相続関係における画一的の要請」（我妻1961・205頁）にあり、これは「相続人が戸籍から一応推定できるものでなければ、内縁関係の成否を認定することの困難が生じ……取引の安全が害される」（潮見外104頁〔冷水登紀代〕）によります。これは、仮にＩがＪとは事実上の離婚状態にあり、Ｈと事実上の夫婦（重婚的内縁）であったとしても、相続人となるのは（法律婚の妻）Ｊであることを意味します。このような事案においてＩが死亡した時点で（重婚的内縁の妻）Ｈに財産を渡す方法としては、遺贈（現民985〜1003）や死因贈与（現民554）があります。最判昭61・11・20民集40・7・1167は、妻Ａ・子Ｂ・内縁の妻Ｃに全遺産の3分の1ずつを遺贈する遺言について、①当時の民法上の妻の法定相続分は3分の1であること、②Ｂは結婚し高校講師等をしていること、③専ら生計を被相続人に頼っていたＣの生活を保全するためにされた遺言であることを指摘し、公序良俗（現民90）に違反しないと判示しました。

　Ｎは、Ｉの非嫡出子です。これは、Ｎを出産した母ＨとＩは婚姻中でなく、「嫡出でない子は、その父又は母がこれを認知することができる」（現民779）ところ、Ｉが認知したことによってＮとの親子関係が認められたものです。

　配偶者と子が相続人であるときの配偶者の相続分は、現在は2分の1ですが（現民900一）、1980年改正前は3分の1でした（1980前現民900一）。Ｎは非嫡出子であるところ、子が嫡出子であるか否かは、配偶者の相続分には影響しません。

参考ケース

　ＩがＪと離婚し、Ｈと再婚していたとき→【002】

　Ｉの子として嫡出子Ｐもいたとき→【004】

　同じ親族関係において遺産相続したとき→【054】

　同じ法律関係における相続登記申請義務の経過措置→【091】

【002】　被相続人（ 甲＝Ｉ ）に妻と準正子1人がいるとき

▶キーワード　離婚・重婚の禁止

〔親族関係〕

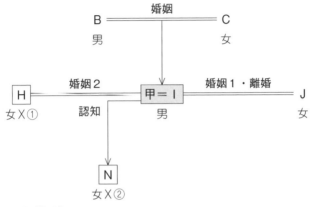

〔相続人・相続分〕

H（配偶者）	1/2
N（準正子）	1/2

〈被相続人が1980（昭和55）年12月31日以前に死亡した場合〉

H（配偶者）	1/3
N（準正子）	2/3

ポイント

　配偶者と子が同順位で相続人となります（現民887①・890）。

　協議上の離婚は、戸籍法（昭和22年法律224号）の定めるところにより届け出ることによって、その効力を生じます（現民739①・764）。Ｊは相続開始前にＩと協議離婚していたため相続しません。配偶者として相続人となるのは、Ｉが再婚したＨです。

　重婚の禁止について現行民法732条は、「配偶者のある者は、重ねて婚姻をすることができない」と規定しています。そのため、「最大の違いは、結婚しているカップルは離婚しない限り、別の人と結婚するこ

とができないこと」(大村2017b・121頁) であり、法律上の離婚をすることによって、重婚の禁止が及ばなくなり、再婚が可能になります。再婚禁止期間について、現行民法733条は、1項で「女は、前婚の解消又は取消しの日から起算して100日を経過した後でなければ、再婚をすることができない」という原則を定め、2項で「前項の規定は、次に掲げる場合には、適用しない」として(1)「女が前婚の解消又は取消しの時に懐胎していなかった場合」と(2)「女が前婚の解消又は取消しの後に出産した場合」という例外を認めています。

　もっとも、2022 (令和4) 年12月16日に公布された「民法等の一部を改正する法律」(令和4年法律102号) は、再婚禁止期間を定める現行民法733条を削除しました。これに伴い、①現行民法744条2項 (不適法な婚姻の取消し) のうち「又は733条」を削り、「当事者の配偶者又は前配偶者」を「前婚の配偶者」に改めること、②現行民法746条 (再婚禁止期間内にした婚姻の取消し) を削除すること、③現行民法773条 (父を定めることを目的とする訴え) のうち「733条1項」を「732条」に、「再婚」を「婚姻」に改めることも定められました。この改正法は、原則として「公布の日から起算して1年6か月を超えない範囲内において政令で定める日」から施行されます (上記改正法附則1)。そのため、上記改正法についても注意が必要です。

　子Nは、父Iに認知されていましたから、Iが母Hと再婚したことによって準正により嫡出子の身分を取得します (現民789①)。

　子と共に相続人であるときの配偶者の相続分は、現在は2分の1ですが (現民900一)、1980年改正前は3分の1でした (1980前現民900一)。

参考ケース

　IがJと離婚していないとき→【001】
　Iの子として嫡出子Pもいたとき→【005】

【003】　被相続人（ 甲＝Ｉ ）に非嫡出子1人と嫡出子1人がいる
　　　とき

　▶キーワード　嫡出子

〔親族関係〕

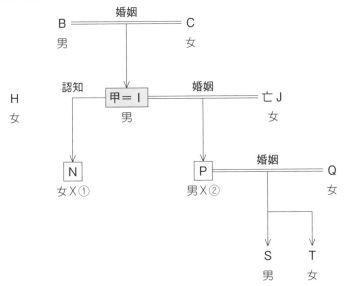

〔相続人・相続分〕

N（非嫡出子）	1/2
P（嫡出子）	1/2

〈被相続人が2013（平成25）年9月4日以前に死亡した場合〉

N（非嫡出子）	1/3
P（嫡出子）	2/3

　ポイント

　子が相続人となります（現民887①）。

　Pは、Ｉの嫡出子です。これは、「妻が婚姻中に懐胎した子は、夫の
子と推定する」（現民772①）ところ、Pを出産した母ＪとＩは婚姻中で

あったことによります。「嫡出子とは、いわば法律上完全な子である。法律上の夫婦以外の男女の間で生れた子、たとえば夫が妻以外の女性との間でつくった子や、法律上婚姻関係にない者の間で生れた子は、非嫡出子と呼ばれ、法律上の扱いが嫡出子と少し違っている」（星野1989・204頁）と説明されました。①「実親子関係もまた制度的な親子関係であり、生物学的な親子（父子）関係がある蓋然性が高いことを基底に置きつつ、婚姻によって父を定めるという枠組みを設けて」、②「『婚姻による親子関係』は、実は、その中に、血縁と擬制（意思・生活事実）の双方が組み込まれた制度なのである」（大村2003・195頁）という指摘もあります。

　嫡出推定については「父と母が夫婦である場合には、子と父及び母との関係は、当然に成立する（父と子の間に生理的なつながりのない場合には、この関係を否定する途が残されているが、その途は……すこぶる狭い）」（我妻1961・212頁）と説明されました。

　Nは、Ｉの非嫡出子です。

　子が数人あるときの相続分は、現在は「相等しいもの」ですが（現民900四）、2013年改正前は、非嫡出子の相続分は、嫡出子の相続分の2分の1でした（2013前現民900四）。

　現在では、孫が相続人となるのは子を代襲相続するときに限られているため（現民887②）、ＳＴは相続人になりません。1962年改正前現行民法は「直系卑属」が相続人とされていましたが、「親等の異なった者の間では、その近い者を先にする」（1962前現民887一）とされていたため、子ＮＰが先になります。したがって孫ＳＴが相続人にならないことは現在と同じでした。

[参考ケース]

　Ｉの配偶者Ｊが生存していたとき→【004】
　Ｉの嫡出子Ｐが先に死亡していたとき→【017】

【004】　被相続人（ 甲＝I ）に妻と非嫡出子1人と嫡出子1人が
　　　　いるとき

▶キーワード　非嫡出子

〔親族関係〕

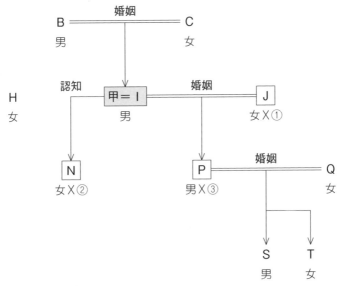

〔相続人・相続分〕

J（配偶者）	1/2
N（非嫡出子）	1/4＝1/2×1/2
P（嫡出子）	1/4＝1/2×1/2

〈被相続人が2013（平成25）年9月4日以前に死亡した場合〉

J（配偶者）	1/2
N（非嫡出子）	1/6＝1/2×1/3
P（嫡出子）	1/3＝1/2×2/3

〈被相続人が1980（昭和55）年12月31日以前に死亡した場合〉

J（配偶者）	1/3
N（非嫡出子）	2/9＝2/3×1/3

P（嫡出子）	$4/9 = 2/3 \times 2/3$

ポイント

　配偶者と子が同順位で相続人となります（現民887①・890）。

　配偶者として相続するのは、法律婚の妻Jです。

　子には、妻Jとの間に生まれた嫡出子Pと、非嫡出子Nがいます。Nが非嫡出子となるのは、Iが認知したことによります。

　現行民法779条は「嫡出でない子は、その父又は母がこれを認知することができる」と規定しています。しかし、判例（最判昭37・4・27民集16・7・1247）は非嫡出子についても「分娩者＝母ルール」を採用しているため、実務上、認知を要するのは父子関係に限られています。

　子が数人あるときの相続分は、現在は「相等しいもの」ですが（現民900四）、2013年改正前は、非嫡出子Nの相続分は、嫡出子Pの相続分の2分の1でした（2013前現民900四）。

　配偶者と子が相続人であるときの配偶者の相続分は、現在は2分の1ですが（現民900一）、1980年改正前は3分の1でした（1980前現民900一）。

参考ケース

　Iの配偶者Jが先に死亡していたとき→【003】

　IがJと離婚し、Hと再婚していたとき→【005】

　Iの嫡出子Pが先に死亡していたとき→【018】

　同じ親族関係において相続を放棄したとき→【041】

　同じ親族関係において相続土地を国庫帰属したとき→【042】

　同じ親族関係において遺産相続したとき→【055】

【005】　被相続人（ 甲＝I ）に妻と準正子1人と嫡出子1人がい
　　　るとき

▶キーワード　準正子

〔親族関係〕

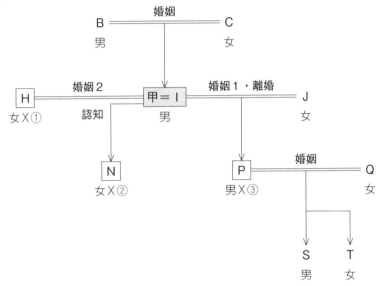

〔相続人・相続分〕

H（配偶者）	1/2
N（準正子）	1/4＝1/2×1/2
P（嫡出子）	1/4＝1/2×1/2

〈被相続人が1980（昭和55）年12月31日以前に死亡した場合〉

H（配偶者）	1/3
N（準正子）	1/3＝2/3×1/2
P（嫡出子）	1/3＝2/3×1/2

ポイント

　配偶者と子が同順位で相続人となります（現民887①・890）。

　配偶者として相続するのは、Ｉが再婚した妻Ｈです。前妻ＪはＩと相続開始前に離婚していたため相続しません。

　子には、後妻Ｈとの間に生まれて認知されていた準正子Ｎと、前妻Ｊとの間に生まれた嫡出子Ｐとがいます。

　準正子とは、準正された子のことであり、「同一の父母の間から生まれた子の間に、嫡出・非嫡出の別が生じること」（大村2015・171頁）を避けるために認められています。「未婚の母が子どもを産み、やはり未婚の父がこれを認知した場合、この家族は婚姻家族に移行することが多い（父母未婚型＝婚姻前型）」（大村2010・192頁）ところ、認知後に婚姻したときを「婚姻による準正」といいます（現民789①）。また、婚姻後に父が認知したときを「認知による準正」といいます（現民789②）。

　また、子が数人あるときの相続分は「相等しい」（現民900四）ため、ＮＰが同じ割合で相続します。父Ｉに認知されていたＮは、Ｉが母Ｈと再婚したことによって準正により嫡出子の身分を取得しますから（現民789①）、非嫡出子の相続分に関する2013年改正の影響はありません。

　配偶者と子が相続人であるときの配偶者の相続分は、現在は2分の1ですが（現民900一）、1980年改正前は3分の1でした（1980前現民900一）。

参考ケース

　ＩがＪと離婚していないとき→【004】
　同じ親族関係においてＨが死亡したとき→【006】
　同じ親族関係においてＰが欠格したとき→【043】
　同じ親族関係においてＰが廃除されたとき→【044】
　同じ親族関係において相続人が存在しないとき→【045】

【006】　被相続人（ 甲＝H ）に夫と準正子1人がいるとき

▶キーワード　継子の否定

〔親族関係〕

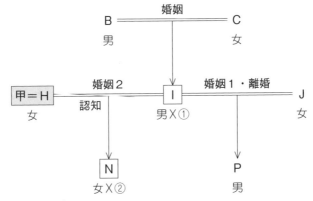

〔相続人・相続分〕

Ⅰ（配偶者）	1/2
N（準正子）	1/2

〈被相続人が1980（昭和55）年12月31日以前に死亡した場合〉

Ⅰ（配偶者）	1/3
N（準正子）	2/3

ポイント

　配偶者と子が同順位で相続人となります（現民887①・890）。

　配偶者とは、「婚姻によって結合した男女（夫婦）」（大里178頁）の一方のことであり、男を「夫」、女を「妻」といいます。相続人となるのは、Hの夫Ⅰです。

　子Nは、父Ⅰに認知されていましたから、Ⅰが母Hと再婚したことによって準正により嫡出子の身分を取得します（現民789①）。

　配偶者と子が相続人であるときの配偶者の相続分は、現在は2分の1

ですが（現民900一）、1980年改正前は3分の1でした（1980前現民900一）。
父Ⅰに認知されていたNは、Ⅰが母Hと再婚したことによって準正に
より嫡出子の身分を取得しますから（現民789①）、非嫡出子の相続分に
関する2013年改正の影響はありません。

　明治民法728条は継父母と継子の間にも親子関係を認めていました。
しかし、現行民法には格別の規定がなく、「継親子は姻族1親等の関係
に立つ」（大村2009・48頁）と説明されています。これは、継子との親子
関係の否定を意味します。したがって、夫Ⅰと前妻Jとの間に生まれ
た子Pは、後妻Hの子ではなく、Hの相続人ではありません。

　HとPを親子とする方法として、養子縁組があります。このことは、
未成年者を養子とするには家庭裁判所の許可を得なければならないと
いう原則に対する例外として「自己又は配偶者の直系卑属を養子とす
る場合」（現民798）があるところ、「普通養子縁組のかなりの部分は、継
親子間に親子関係を作り出すためのものであると推測される。普通養
子縁組の総数は年間約8万件であるが、そのうち家裁許可縁組は1000
件強に過ぎない。このことは、普通養子縁組のほとんどすべてが成年
者か自己または配偶者の直系卑属たる者を養子とする縁組であること
を示している」（大村2009・48〜49頁）と説明されています。

参考ケース

　同じ親族関係においてⅠが死亡したとき→【005】
　同じ親族関係において遺産相続したとき→【056】

【007】　被相続人（ 甲＝L ）に嫡出子1人がいるとき

▶キーワード　特別養子

〔親族関係〕

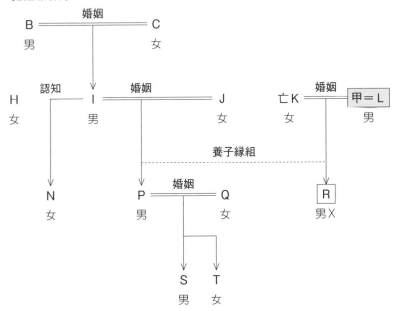

〔相続人・相続分〕

R（嫡出子）	1（普通養子）又は0（特別養子）
〈被相続人が1987（昭和62）年12月31日以前に死亡した場合〉	
R（嫡出子）	1

ポイント

　子が相続人となります（現民887①）。

　子には、亡妻Kとの間に生まれた嫡出子Rがいます。Rは、養子縁
組によって養父母ⅠJの子になりますが、普通養子となったときは、
実父母KLとの親子関係は残ります。

　これに対し、ⅠJ夫婦との縁組によってRが特別養子になっていた
ときは、実父Lの相続人になりません。1987年改正によって新設され
た現行民法817条の2第1項は、「家庭裁判所は、次条から817条の7まで
に定める要件があるときは、養親となる者の請求により、実方の血族
との親族関係が終了する縁組……を成立させることができる」と規定
しています。特別養子については、「『子の利益』のための制度として
設けられたものである。そして、ここで『子の利益』を実現するとい
うのは、第一次的には親のない（あるいは実質的にみてそれに近い）
子に親を与えるということである。しかし、さらに、『（より）よい親』
が与えられることが望ましいと考えられており、そのために、養親の
存在が『子の利益』にかなうかどうか慎重な審査が行われることにな
る。このことは、特別養子縁組成立の要件からも明らかである。実体
要件としての『子の利益のため特に必要があると認めるとき』という
基準（民817条の7）や手続要件としての試験養育期間（民817条の8）
は、そのために設けられているのである」（大村2010・210頁）と説明され
ています。現行民法817条の9本文は、「養子と実方の父母及びその血
族との親族関係は、特別養子縁組によって終了する」と規定していま
す。そのため、実父母との間では法定相続人にはなりません。特別養
子が子として法定相続人になるのは、養父母に限られます。

参考ケース

　配偶者Kが生存していたとき→【008】

【008】　被相続人（ 甲＝L ）に妻と嫡出子1人がいるとき

▶キーワード　普通養子

〔親族関係〕

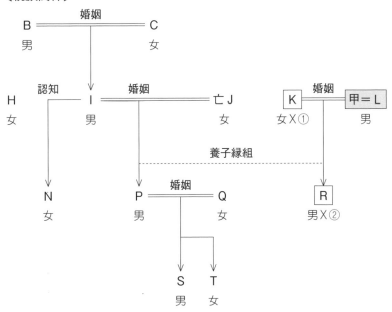

〔相続人・相続分〕

K （配偶者）	1/2 （普通養子）又は1 （特別養子）
R （嫡出子）	1/2 （普通養子）又は0 （特別養子）

〈被相続人が1987（昭和62）年12月31日以前に死亡した場合〉

K （配偶者）	1/2
R （嫡出子）	1/2

〈被相続人が1980（昭和55）年12月31日以前に死亡した場合〉

K （配偶者）	1/3
R （嫡出子）	2/3

ポイント

　配偶者と子が同順位で相続人となります（現民887①・890）。

　配偶者として相続人となるのは、法律婚の妻Ｋです。

　子には、妻Ｋとの間に生まれた嫡出子Ｒがいます。Ｒは、ＩＪ夫婦との縁組によって養子になっています。養子とは、「血縁のない2人の人間が、合意によってつくり出す法的な子」（大村2010・200頁）です。「養子は、縁組の日から、養親の嫡出子の身分を取得する」（現民809）とされています。

　Ｒは、養子縁組によって養父母ＩＪの子になりますが、普通養子となったときは、実父母ＫＬとの親子関係は残ります。明治民法728条は継父母と継子の間にも親子関係を認めていたため、一方配偶者の子（例えば先妻との子）が「家」にあるときに他方の配偶者（例えば後妻）との親子関係がありました。しかし、現行民法には格別の規定がないため、「継親子は姻族1親等の関係に立つ」（大村2009・48頁）にすぎません。普通養子は、「実親との法的関係は切れてしまうわけではない。たとえば……実子の相続権は依然として残る」（大村2010・202頁）ものです。したがって、普通養子は、実親と養親の双方を相続することができます。

　これに対し、1987年改正によって新設された特別養子では、「養子と実方の父母及びその血族との親族関係は、特別養子縁組によって終了する」とされています（現民817の9）。

　配偶者と子が相続人であるときの配偶者の相続分は、現在は2分の1ですが（現民900一）、1980年改正前は3分の1でした（1980前現民900一）。

参考ケース

　配偶者Ｋが先に死亡していたとき→【007】

【009】　被相続人（ 甲＝Ⅰ ）に非嫡出子1人と嫡出子1人と養子1
　人がいるとき

〔親族関係〕

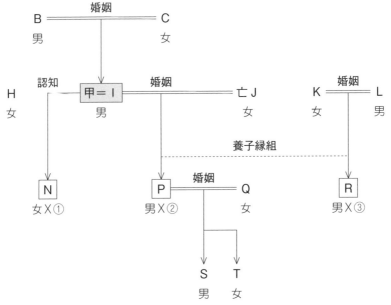

〔相続人・相続分〕

N（非嫡出子）	1/3
P（嫡出子）	1/3
R（養子）	1/3

〈被相続人が2013（平成25）年9月4日以前に死亡した場合〉

N（非嫡出子）	1/5
P（嫡出子）	2/5
R（養子）	2/5

ポイント

　子が相続人となります（現民887①）。

　子には、婚姻関係にない女性Hとの間に生まれて認知された非嫡出子N、亡妻Jとの間に生まれた嫡出子Pと、養子Rがいます。養子とは、「血縁のない2人の人間が、合意によってつくり出す法的な子」（大村2010・200頁）です。「養子は、縁組の日から、養親の嫡出子の身分を取得する」（現民809）とされています。Rは、養子縁組によって養父母IJの子になりますが、普通養子となったときは、実父母KLとの親子関係は残ります。これに対し、1987年改正によって新設された特別養子では、「養子と実方の父母及びその血族との親族関係は、特別養子縁組によって終了する」とされています（現民817の9）。ただし、これはRと実父母KLとの相続に影響するにすぎず、Rが養父Iの相続人となることは普通養子でも特別養子でも同じです。

　子が数人あるときの相続分は、現在は「相等しいもの」ですが（現民900四）、2013年改正前は、非嫡出子の相続分は、嫡出子の相続分の2分の1でした（2013前現民900四）。そのため、本ケースの相続分は、現在はNPRとも3分の1ずつであるのに対し、2013年改正前は、非嫡出子Nは5分の1、嫡出子Pと養子Rは各5分の2でした。

参考ケース

　配偶者Jが生存していたとき→【010】
　非嫡出子Mもいたとき→【013】

【010】　被相続人（ 甲＝Ｉ ）に妻と非嫡出子1人と嫡出子1人と
　　　　養子1人がいるとき

〔親族関係〕

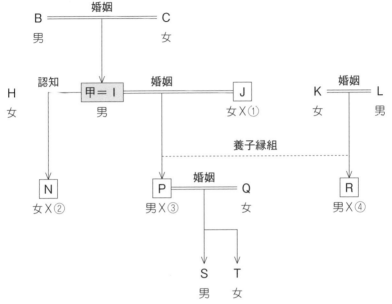

〔相続人・相続分〕

J（配偶者）	1/2
N（非嫡出子）	1/6
P（嫡出子）	1/6
R（養子）	1/6

〈被相続人が2013（平成25）年9月4日以前に死亡した場合〉

J（配偶者）	1/2
N（非嫡出子）	1/10
P（嫡出子）	1/5
R（養子）	1/5

〈被相続人が1980（昭和55）年12月31日以前に死亡した場合〉

J（配偶者）	1/3

N（非嫡出子）	2/15
P（嫡出子）	4/15
R（養子）	4/15

ポイント

　配偶者と子が同順位で相続人となります（現民887①・890）。

　配偶者として相続人となるのは、法律婚の妻Jです。

　子には、婚姻関係にない女性Hとの間に生まれて認知された非嫡出子N、妻Jとの間に生まれた嫡出子Pと、養子Rがいます。

　子が数人あるときの相続分は、現在は「相等しいもの」ですが（現民900四）、2013年改正前は、非嫡出子の相続分は、嫡出子の相続分の2分の1でした（2013前現民900四）。

　配偶者と子が相続人であるときの配偶者の相続分は、現在は2分の1ですが（現民900一）、1980年改正前は3分の1でした（1980前現民900一）。

参考ケース

　配偶者Jが先に死亡していたとき→【009】

　同じ親族関係においてJが死亡したとき→【011】

　Jと離婚し、Hと再婚していたとき→【012】

　非嫡出子Mもいたとき→【014】

　同じ親族関係において遺産相続したとき→【057】

【011】　被相続人（ 甲＝J ）に夫と嫡出子1人と養子1人がいる
　　　　とき

▶キーワード　嫡母庶子の否定

〔親族関係〕

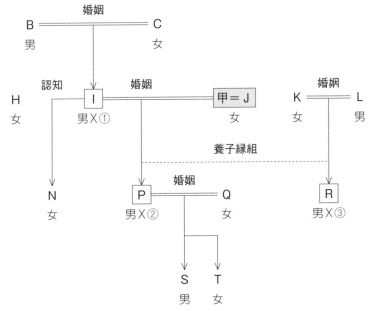

〔相続人・相続分〕

I （配偶者）	1/2
P （嫡出子）	1/4＝1/2×1/2
R （養子）	1/4＝1/2×1/2

〈被相続人が1980（昭和55）年12月31日以前に死亡した場合〉

I （配偶者）	1/3
P （嫡出子）	1/3＝2/3×1/2
R （養子）	1/3＝2/3×1/2

配偶者と子が同順位で相続人となります（現民887①・890）。

配偶者とは、「婚姻によって結合した男女（夫婦）」（大里178頁）の一方のことであり、男を「夫」、女を「妻」といいます。相続人となるのは、Ｊの夫Ｉです。

子には、夫Ｉとの間に生まれた嫡出子Ｐと、養子Ｒがいます。

明治民法728条は、嫡母と庶子の間にも親子関係を認めていました。嫡母とは「庶子の父の妻、すなわち、父の正妻」（大里176頁）であり、庶子とは「父が認知した嫡出でない子」（大里175頁）であるところ、「嫡母ト庶子トノ間ニ於テハ親子間ニ於ケルト同一ノ親族関係ヲ生ス」と規定していたのです。嫡母庶子関係は、①「認知された庶子は、原則として父の家に入る（明民733条）。そのために、父の妻（嫡母）との間に法定親子関係が生ずる」（大村2015・16頁）、②「妻と、夫の庶子の間に非嫡出の親子関係が生じるものであり、いわば、非嫡出の継親子関係である」（末光2019・58頁）と説明されました。

しかし、現行民法には、嫡母庶子関係を認める規定はなく、嫡母庶子としての親子関係は否定されています。これは、明治民法の認めていた嫡母庶子関係について「奇妙な規定があった」（星野1972・463頁）という否定的評価があったことに基づいています。したがって、夫ＩとＨとの間に生まれたＩの非嫡出子Ｎは、Ｊの子ではなく、相続人となりません。

配偶者と子が相続人であるときの配偶者の相続分は、現在は2分の1ですが（現民900一）、1980年改正前は3分の1でした（1980前現民900一）。

同じ親族関係においてＩが死亡したとき→【010】
同じ親族関係において遺産相続したとき→【058】

【012】　被相続人（ 甲＝Ｉ ）に妻と準正子1人と嫡出子1人と養
　　　　子1人がいるとき

〔親族関係〕

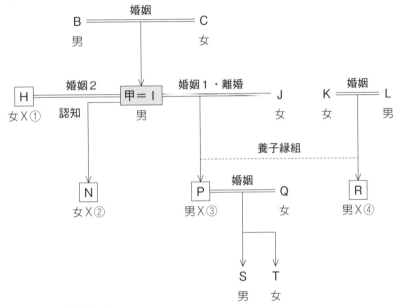

〔相続人・相続分〕

H（配偶者）	1/2
N（準正子）	1/6＝1/2×1/3
P（嫡出子）	1/6＝1/2×1/3
R（養子）	1/6＝1/2×1/3

〈被相続人が1980（昭和55）年12月31日以前に死亡した場合〉

H（配偶者）	1/3
N（準正子）	2/9＝2/3×1/3
P（嫡出子）	2/9＝2/3×1/3
R（養子）	2/9＝2/3×1/3

ポイント

　配偶者と子が同順位で相続人となります（現民887①・890）。

　配偶者とは、「婚姻によって結合した男女（夫婦）」（大里178頁）の一方のことです。相続人となるのは、Ⅰが再婚したHです。

　子には、後妻Hとの間に生まれて認知されていた準正子Nと、前妻Jとの間に嫡出子Pと養子Rがいます。

　子が数人あるときの相続分は「相等しい」（現民900四）ため、NPRが同じ割合で相続します。父Ⅰに認知されていたNは、Ⅰが母Hと再婚したことによって準正により嫡出子の身分を取得しますから（現民789①）、非嫡出子の相続分に関する2013年改正の影響はありません。

　配偶者と子が相続人であるときの配偶者の相続分は、現在は2分の1ですが（現民900一）、1980年改正前は3分の1でした（1980前現民900一）。

参考ケース

　Jと離婚していないとき→【010】
　同じ親族関係において特別の寄与があるとき→【046】
　同じ親族関係において寄与分があるとき→【047】

【013】 被相続人（ 甲＝I ）に非嫡出子2人と嫡出子1人と養子1
　　人がいるとき

〔親族関係〕

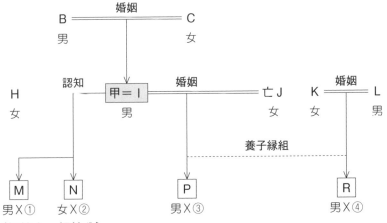

〔相続人・相続分〕

M（非嫡出子）	1/4
N（非嫡出子）	1/4
P（嫡出子）	1/4
R（養子）	1/4

〈被相続人が2013（平成25）年9月4日以前に死亡した場合〉

M（非嫡出子）	1/6
N（非嫡出子）	1/6
P（嫡出子）	1/3
R（養子）	1/3

ポイント

　子が相続人となります（現民887①）。

　子には、婚姻関係にない女性Hとの間に生まれて認知された非嫡出子MN、妻Jとの間に生まれた嫡出子Pと、養子Rがいます。

　子が数人あるときの相続分は、現在は「相等しいもの」ですが（現民900四）、2013年改正前は、非嫡出子の相続分は、嫡出子の相続分の2分の1でした（2013前現民900四）。そのため、本ケースの相続分は、現在はMNPRとも4分の1ずつであるのに対し、2013年改正前は、非嫡出子MNは各6分の1、嫡出子Pと養子Rは各3分の1でした。

　2013（平成25）年改正は、判例（最大決平25・9・4民集67・6・1320）が、本件相続開始時においては、立法府の裁量権を考慮しても、嫡出子と非嫡出子の法定相続分を区別する合理的な根拠は失われていたというべきであり、2013年改正前現行民法900条4号のうち非嫡出子の相続分を嫡出子の相続分の2分の1とする部分は、遅くとも2001（平成13）年7月当時において憲法14条に違反していたと判示したことを受けたものです。

参考ケース

　非嫡出子Mがいなかったとき→【009】
　配偶者Jが生存していたとき→【014】
　嫡出子Oがいたとき→【015】
　同じ法律関係における経過措置→【093】

【014】　被相続人（甲＝Ｉ）に妻と非嫡出子2人と嫡出子1人と養子1人がいるとき

〔親族関係〕

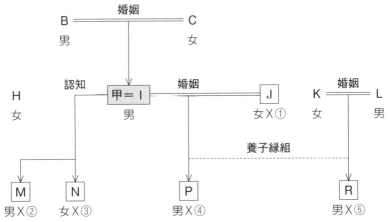

〔相続人・相続分〕

J （配偶者）	1/2
M （非嫡出子）	$1/8 = 1/2 \times 1/4$
N （非嫡出子）	$1/8 = 1/2 \times 1/4$
P （嫡出子）	$1/8 = 1/2 \times 1/4$
R （養子）	$1/8 = 1/2 \times 1/4$

〈被相続人が2013（平成25）年9月4日以前に死亡した場合〉

J （配偶者）	1/2
M （非嫡出子）	$1/12 = 1/2 \times 1/6$
N （非嫡出子）	$1/12 = 1/2 \times 1/6$
P （嫡出子）	$1/6 = 1/2 \times 1/3$
R （養子）	$1/6 = 1/2 \times 1/3$

〈被相続人が1980（昭和55）年12月31日以前に死亡した場合〉

J （配偶者）	1/3
M （非嫡出子）	$1/9 = 2/3 \times 1/6$

N（非嫡出子）	1/9 = 2/3 × 1/6
P（嫡出子）	2/9 = 2/3 × 1/3
R（養子）	2/9 = 2/3 × 1/3

ポイント

配偶者と子が同順位で相続人となります（現民887①・890）。

子には、婚姻関係にない女性Hとの間に生まれて認知された非嫡出子MN、妻Jとの間に生まれた嫡出子Pと、養子Rがいます。

子が数人あるときの相続分は、現在は「相等しいもの」ですが（現民900四）、2013年改正前は、非嫡出子の相続分は、嫡出子の相続分の2分の1でした（2013前現民900四）。

配偶者と子が相続人であるときの配偶者の相続分は、現在は2分の1ですが（現民900一）、1980年改正前は3分の1でした（1980前現民900一）。

参考ケース

非嫡出子Mがいなかったとき→【010】
配偶者Jが先に死亡していたとき→【013】
嫡出子Oがいたとき→【016】
同じ親族関係において遺産相続したとき→【059】
同じ法律関係における経過措置→【094】

【015】　被相続人（ 甲＝Ｉ ）に非嫡出子2人と嫡出子2人と養子1
人がいるとき

〔親族関係〕

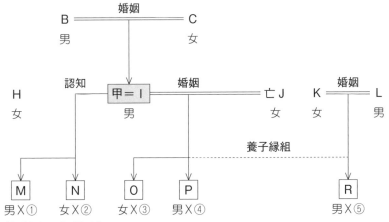

〔相続人・相続分〕

M（非嫡出子）	1/5
N（非嫡出子）	1/5
O（嫡出子）	1/5
P（嫡出子）	1/5
R（養子）	1/5

〈被相続人が2013（平成25）年9月4日以前に死亡した場合〉

M（非嫡出子）	1/8
N（非嫡出子）	1/8
O（嫡出子）	1/4
P（嫡出子）	1/4
R（養子）	1/4

ポイント

　子が相続人となります（現民887①）。

　子には、婚姻関係にない女性Hとの間に生まれて認知された非嫡出子MN、妻Jとの間に生まれた嫡出子OPと、養子Rがいます。

　子が数人あるときの相続分は、現在は「相等しいもの」ですが（現民900四）、2013年改正前は、非嫡出子の相続分は、嫡出子の相続分の2分の1でした（2013前現民900四）。そのため、本ケースの相続分は、現在はMNOPRとも5分の1ずつであるのに対し、2013年改正前は、非嫡出子MNは各8分の1、嫡出子OPと養子Rは各4分の1でした。

参考ケース

　嫡出子Oがいなかったとき→【013】

　配偶者Jが生存していたとき→【016】

　同じ親族関係において特別受益があるとき→【048】

　同じ親族関係において特別受益主張が制限されるとき→【049】

【016】　被相続人（　甲＝Ⅰ　）に妻と非嫡出子2人と嫡出子2人と
　　　　養子1人がいるとき

〔親族関係〕

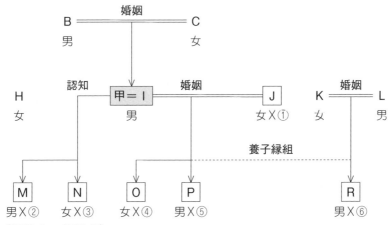

〔相続人・相続分〕

J　（配偶者）	1/2
M　（非嫡出子）	1/10＝1/2×1/5
N　（非嫡出子）	1/10＝1/2×1/5
O　（嫡出子）	1/10＝1/2×1/5
P　（嫡出子）	1/10＝1/2×1/5
R　（養子）	1/10＝1/2×1/5

〈被相続人が2013（平成25）年9月4日以前に死亡した場合〉

J　（配偶者）	1/2
M　（非嫡出子）	1/16＝1/2×1/8
N　（非嫡出子）	1/16＝1/2×1/8
O　（嫡出子）	1/8＝1/2×1/4
P　（嫡出子）	1/8＝1/2×1/4
R　（養子）	1/8＝1/2×1/4

〈被相続人が1980（昭和55）年12月31日以前に死亡した場合〉

J （配偶者）	1/3
M （非嫡出子）	1/12＝2/3×1/8
N （非嫡出子）	1/12＝2/3×1/8
O （嫡出子）	1/6＝2/3×1/4
P （嫡出子）	1/6＝2/3×1/4
R （養子）	1/6＝2/3×1/4

ポイント

　配偶者と子が同順位で相続人となります（現民887①・890）。

　子には、婚姻関係にない女性Hとの間に生まれて認知された非嫡出子MN、妻Jとの間に生まれた嫡出子OPと、養子Rがいます。

　子が数人あるときの相続分は、現在は「相等しいもの」ですが（現民900四）、2013年改正前は、非嫡出子の相続分は、嫡出子の相続分の2分の1でした（2013前現民900四）。

　配偶者と子が相続人であるときの配偶者の相続分は、現在は2分の1ですが（現民900一）、1980年改正前は3分の1でした（1980前現民900一）。

参考ケース

　嫡出子Oがいなかったとき→【014】

　配偶者Jが先に死亡していたとき→【015】

　同じ親族関係において遺産相続したとき→【060】

第2　孫が代襲相続人となるケース

【017】　被相続人（ 甲＝Ｉ ）に非嫡出子1人と嫡出孫2人がいる
　　　とき

〔親族関係〕

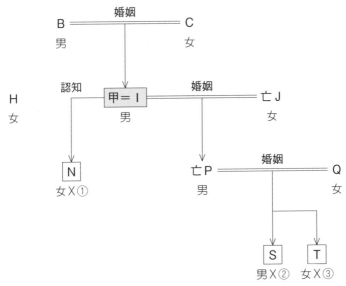

〔相続人・相続分〕

N（非嫡出子）	1/2
S（嫡出孫）	1/4＝1/2×1/2
T（嫡出孫）	1/4＝1/2×1/2

〈被相続人が2013（平成25）年9月4日以前に死亡した場合〉

N（非嫡出子）	1/3
S（嫡出孫）	1/3＝2/3×1/2
T（嫡出孫）	1/3＝2/3×1/2

ポイント

　子と孫が相続人となります（現民887①②）。

　嫡出子PがIよりも先に死亡したため、その子（被相続人Iの孫）STが代襲相続します。「被相続人の子が、相続の開始以前に死亡したとき、又は891条の規定に該当し、若しくは廃除によって、その相続権を失ったときは、その者の子がこれを代襲して相続人となる。ただし、被相続人の直系卑属でない者は、この限りでない」（現民887②）という規定は、「孫以下の直系卑属は、固有の資格で相続することはなく、すべて代襲によって相続すること」（加藤1962a・31頁）を意味します。

　これに対し、1962年改正前現行民法887条は「被相続人の直系卑属は、左の規定に従って相続人となる」として、①「親等の異なった者の間では、その近い者を先にする」、②「親等の同じである者は、同順位で相続人となる」を列挙し、同法888条1項は「前条の規定によって相続人となるべき者が、相続の開始前に、死亡し、又はその相続権を失った場合において、その者に直系卑属があるときは、その直系卑属は、前条の規定に従ってその者と同順位で相続人となる」と規定していました。本ケースでは1962年改正の前後を問わず、嫡出孫STが被代襲者（嫡出子）Pの相続分を2分の1ずつ承継します。

　子が数人あるときの相続分は、現在は「相等しいもの」ですが（現民900四）、2013年改正前は、非嫡出子の相続分は、嫡出子の相続分の2分の1でした（2013前現民900四）。

参考ケース

　嫡出子Pが生存していたとき→【003】
　配偶者Jが生存していたとき→【018】
　養子Rがいたとき→【019】
　同じ法律関係における経過措置→【095】

【018】　被相続人（ 甲＝Ｉ ）に妻と非嫡出子1人と嫡出孫2人が
　　　　いるとき

〔親族関係〕

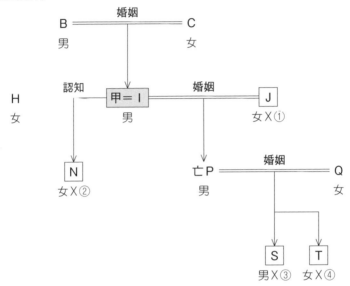

〔相続人・相続分〕

J （配偶者）	1/2
N （非嫡出子）	1/4＝1/2×1/2
S （嫡出孫）	1/8＝1/2×1/2×1/2
T （嫡出孫）	1/8＝1/2×1/2×1/2

〈被相続人が2013（平成25）年9月4日以前に死亡した場合〉

J （配偶者）	1/2
N （非嫡出子）	1/6＝1/2×1/3
S （嫡出孫）	1/6＝1/2×2/3×1/2
T （嫡出孫）	1/6＝1/2×2/3×1/2

〈被相続人が1980（昭和55）年12月31日以前に死亡した場合〉

J （配偶者）	1/3

N（非嫡出子）	$2/9 = 2/3 \times 1/3$
S（嫡出孫）	$2/9 = 2/3 \times 2/3 \times 1/2$
T（嫡出孫）	$2/9 = 2/3 \times 2/3 \times 1/2$

ポイント

　配偶者と子・孫が同順位で相続人となります（現民887①②・890）。

　嫡出子Ｐが先に死亡したため、その子（被相続人Ｉの孫）ＳＴが代襲相続します（現民887②）。代襲者は、相続権を失った者の相続分を承継しますから、嫡出孫ＳＴは、被代襲者（嫡出子）Ｐの相続分を2分の1ずつ承継します。なお、1962年改正前は「直系卑属」が相続人とされていましたが、代襲相続に関する本ケースの結論は同じです（1962前現民887・888①）。

　子が数人あるときの相続分は、現在は「相等しいもの」ですが（現民900四）、2013年改正前は、非嫡出子の相続分は、嫡出子の相続分の2分の1でした（2013前現民900四）。

　配偶者と子が相続人であるときの配偶者の相続分は、現在は2分の1ですが（現民900一）、1980年改正前は3分の1でした（1980前現民900一）。

参考ケース

　嫡出子Ｐが生存していたとき→【004】
　配偶者Ｊが先に死亡していたとき→【017】
　養子Ｒがいたとき→【020】
　同じ親族関係において遺産相続したとき→【061】

【019】　被相続人（ 甲＝ I ）に非嫡出子1人と養子1人と嫡出孫2
　　人がいるとき

〔親族関係〕

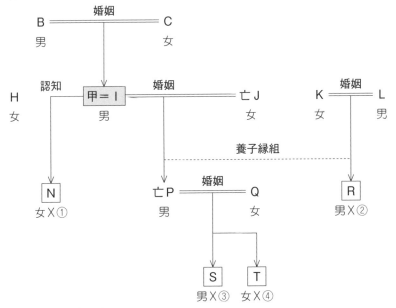

〔相続人・相続分〕

N（非嫡出子）	1/3
R（養子）	1/3
S（嫡出孫）	1/6＝1/3×1/2
T（嫡出孫）	1/6＝1/3×1/2

〈被相続人が2013（平成25）年9月4日以前に死亡した場合〉

N（非嫡出子）	1/5
R（養子）	2/5
S（嫡出孫）	1/5＝2/5×1/2
T（嫡出孫）	1/5＝2/5×1/2

ポイント

　子と孫が相続人となります（現民887①②）。

　嫡出子Ｐが先に死亡したため、その子（被相続人Ｉの孫）ＳＴが代襲相続します（現民887②）。代襲者は、相続権を失った者（被代襲者）に代わって、同一順位で相続人となり、相続権を失った者の相続分を承継しますから、嫡出孫ＳＴは、被代襲者（嫡出子）Ｐの相続分を2分の1ずつ承継します。なお、1962年改正前は「直系卑属」が相続人とされていましたが、代襲相続に関する本ケースの結論は同じです（1962前現民887・888①）。

　子が数人あるときの相続分は、現在は「相等しいもの」ですが（現民900四）、2013年改正前は、非嫡出子の相続分は、嫡出子の相続分の2分の1でした（2013前現民900四）。そのため、嫡出孫ＳＴが承継する嫡出子Ｐの相続分は、現在は非嫡出子Ｎと同じであるのに対し、2013年改正前は、非嫡出子Ｎの2倍でした。

参考ケース

　養子Ｒがいなかったとき→【017】
　配偶者Ｊが生存していたとき→【020】

【020】　被相続人（ 甲＝I ）に妻と非嫡出子1人と養子1人と嫡出孫2人がいるとき

〔親族関係〕

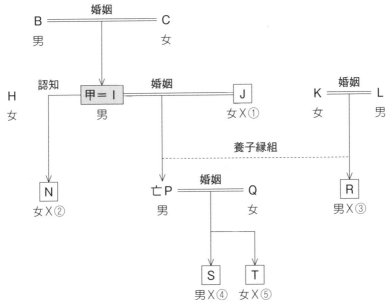

〔相続人・相続分〕

J （配偶者）	1/2
N （非嫡出子）	1/6＝1/2×1/3
R （養子）	1/6＝1/2×1/3
S （嫡出孫）	1/12＝1/2×1/3×1/2
T （嫡出孫）	1/12＝1/2×1/3×1/2

〈被相続人が2013（平成25）年9月4日以前に死亡した場合〉

J （配偶者）	1/2
N （非嫡出子）	1/10＝1/2×1/5
R （養子）	1/5＝1/2×2/5
S （嫡出孫）	1/10＝1/2×2/5×1/2
T （嫡出孫）	1/10＝1/2×2/5×1/2

〈被相続人が1980（昭和55）年12月31日以前に死亡した場合〉

J（配偶者）	1/3
N（非嫡出子）	2/15＝2/3×1/5
R（養子）	4/15＝2/3×2/5
S（嫡出孫）	2/15＝2/3×2/5×1/2
T（嫡出孫）	2/15＝2/3×2/5×1/2

ポイント

　配偶者と子・孫が同順位で相続人となります（現民887①②・890）。

　嫡出子Pが先に死亡したため、その子（被相続人Iの孫）STが代襲相続します（現民887②）。嫡出孫STは、被代襲者（嫡出子）Pの相続分を2分の1ずつ承継します。なお、1962年改正前は「直系卑属」が相続人とされていましたが、代襲相続に関する本ケースの結論は同じです（1962前現民887・888①）。

　子が数人あるときの相続分は、現在は「相等しいもの」ですが（現民900四）、2013年改正前は、非嫡出子の相続分は、嫡出子の相続分の2分の1でした（2013前現民900四）。

　配偶者と子が相続人であるときの配偶者の相続分は、現在は2分の1ですが（現民900一）、1980年改正前は3分の1でした（1980前現民900一）。

参考ケース

　養子Rがいなかったとき→【018】

　配偶者Jが先に死亡していたとき→【019】

　同じ親族関係において遺産相続したとき→【062】

【021】　被相続人（ 甲＝Ｉ ）に非嫡出子2人と養子1人と嫡出孫2
　　　　人がいるとき

〔親族関係〕

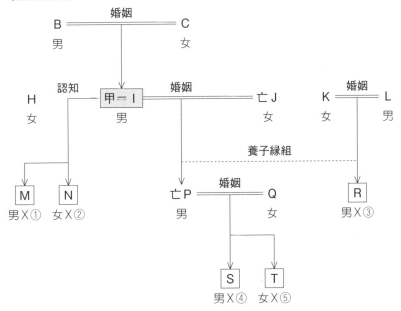

〔相続人・相続分〕

M（非嫡出子）	1/4
N（非嫡出子）	1/4
R（養子）	1/4
S（嫡出孫）	1/8＝1/4×1/2
T（嫡出孫）	1/8＝1/4×1/2

〈被相続人が2013（平成25）年9月4日以前に死亡した場合〉

M（非嫡出子）	1/6
N（非嫡出子）	1/6
R（養子）	1/3
S（嫡出孫）	1/6＝1/3×1/2
T（嫡出孫）	1/6＝1/3×1/2

ポイント

　子と孫が相続人となります（現民887①②）。

　嫡出子Ｐが先に死亡したため、その子（被相続人Ｉの孫）ＳＴが代
襲相続します（現民887②）。代襲者は、相続権を失った者（被代襲者）
に代わって、同一順位で相続人となり、相続権を失った者の相続分を
承継しますから、嫡出孫ＳＴは、被代襲者（嫡出子）Ｐの相続分を2分
の1ずつ承継します。なお、1962年改正前は「直系卑属」が相続人とさ
れていましたが、代襲相続に関する本ケースの結論は同じです（1962前
現民887・888①）。

　子が数人あるときの相続分は、現在は「相等しいもの」ですが（現民
900四）、2013年改正前は、非嫡出子の相続分は、嫡出子の相続分の2分
の1でした（2013前現民900四）。そのため、嫡出孫ＳＴが承継する嫡出子
Ｐの相続分は、現在は非嫡出子ＭＮと同じであるのに対し、2013年改
正前は、非嫡出子ＭＮの2倍でした。

参考ケース

　配偶者Ｊが生存していたとき→【022】
　嫡出子ＰがＩを相続した後に死亡したとき→【023】

【022】　被相続人（ 甲＝Ｉ ）に妻と非嫡出子2人と養子1人と嫡
　　　出孫2人がいるとき

〔親族関係〕

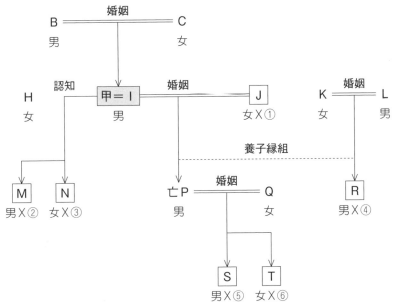

〔相続人・相続分〕

J （配偶者）	1/2
M （非嫡出子）	1/8＝1/2×1/4
N （非嫡出子）	1/8＝1/2×1/4
R （養子）	1/8＝1/2×1/4
S （嫡出孫）	1/16＝1/2×1/4×1/2
T （嫡出孫）	1/16＝1/2×1/4×1/2

〈被相続人が2013（平成25）年9月4日以前に死亡した場合〉

J （配偶者）	1/2
M （非嫡出子）	1/12＝1/2×1/6
N （非嫡出子）	1/12＝1/2×1/6

R（養子）	$1/6 = 1/2 \times 1/3$
S（嫡出孫）	$1/12 = 1/2 \times 1/3 \times 1/2$
T（嫡出孫）	$1/12 = 1/2 \times 1/3 \times 1/2$

〈被相続人が1980（昭和55）年12月31日以前に死亡した場合〉

J（配偶者）	$1/3$
M（非嫡出子）	$1/9 = 2/3 \times 1/6$
N（非嫡出子）	$1/9 = 2/3 \times 1/6$
R（養子）	$2/9 = 2/3 \times 1/3$
S（嫡出孫）	$1/9 = 2/3 \times 1/3 \times 1/2$
T（嫡出孫）	$1/9 = 2/3 \times 1/3 \times 1/2$

ポイント

　配偶者と子・孫が同順位で相続人となります（現民887①②・890）。

　嫡出子Pが先に死亡したため、孫STがPの相続分を2分の1ずつ代襲相続します（現民887②、1962前現民887・888①）。

　子が数人あるときの相続分は、現在は「相等しいもの」ですが（現民900四）、2013年改正前は、非嫡出子の相続分は、嫡出子の相続分の2分の1でした（2013前現民900四）。

　配偶者と子・孫が相続人であるときの配偶者の相続分は、現在は2分の1ですが（現民900一）、1980年改正前は3分の1でした（1980前現民900一）。

参考ケース

　配偶者Jが先に死亡していたとき→【021】

　嫡出子PがIを相続した後に死亡したとき→【024】

　同じ親族関係において遺産相続したとき→【063】

【023】　1次被相続人（ 甲＝I ）に非嫡出子2人と嫡出子1人と養
　　　　子1人がいて、2次被相続人（ 乙＝P ）に妻と嫡出子2人が
　　　　いるとき

▶キーワード　数次相続

〔親族関係〕

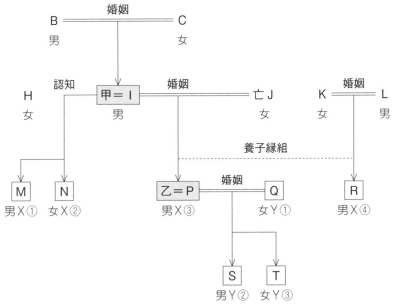

〔相続人・相続分〕

M（非嫡出子）	1/4
N（非嫡出子）	1/4
R（養子）	1/4
Q（嫡出P妻）	1/8＝1/4×1/2
S（嫡出P子）	1/16＝1/4×1/2×1/2
T（嫡出P子）	1/16＝1/4×1/2×1/2

〈被相続人が2013（平成25）年9月4日以前に死亡した場合〉

M（非嫡出子）	1/6
N（非嫡出子）	1/6

R（養子）	1/3
Q（嫡出P妻）	1/6 = 1/3 × 1/2
S（嫡出P子）	1/12 = 1/3 × 1/2 × 1/2
T（嫡出P子）	1/12 = 1/3 × 1/2 × 1/2

〈被相続人が1980（昭和55）年12月31日以前に死亡した場合〉

M（非嫡出子）	1/6
N（非嫡出子）	1/6
R（養子）	1/3
Q（嫡出P妻）	1/9 = 1/3 × 1/3
S（嫡出P子）	1/9 = 1/3 × 2/3 × 1/2
T（嫡出P子）	1/9 = 1/3 × 2/3 × 1/2

ポイント

　数次相続とは、ある人（甲。1次被相続人）の相続開始後、その遺産分割成立前に、その相続人（乙。2次被相続人）の相続も開始した状況です。本ケースでは、甲（1次被相続人）Ｉが死亡して、子ＭＮＰＲが相続人となりました。そして遺産分割成立前に、Ｐが死亡しました。そのため、乙（2次被相続人）Ｐの妻Ｑ・子ＳＴが2次相続の相続人となります。

　数次相続では、まず、1次相続について法定相続分を計算します。この法定相続分は、相続開始時の民法によるのが原則です。本ケースでは、1次相続と2次相続の間には法改正がなかったことを前提として計算しています。

参考ケース

　嫡出子ＰがＩより先に死亡したとき→【021】
　配偶者Ｊが生存していたとき→【024】

【024】　1次被相続人（ 甲＝ I ）に妻と非嫡出子2人と嫡出子1人
　　　と養子1人がいて、2次被相続人（ 乙＝P ）に妻と嫡出子2
　　　人がいるとき

〔親族関係〕

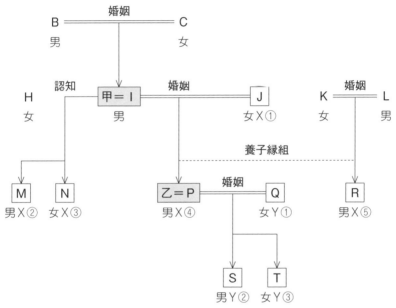

〔相続人・相続分〕

J （配偶者）	1/2
M （非嫡出子）	1/8＝1/2×1/4
N （非嫡出子）	1/8＝1/2×1/4
R （養子）	1/8＝1/2×1/4
Q （嫡出P妻）	1/16＝1/2×1/4×1/2
S （嫡出P子）	1/32＝1/2×1/4×1/2×1/2
T （嫡出P子）	1/32＝1/2×1/4×1/2×1/2

〈被相続人が2013（平成25）年9月4日以前に死亡した場合〉

J （配偶者）	1/2
M （非嫡出子）	1/12＝1/2×1/6

N（非嫡出子）	$1/12 = 1/2 \times 1/6$
R（養子）	$1/6 = 1/2 \times 1/3$
Q（嫡出Ｐ妻）	$1/12 = 1/2 \times 1/3 \times 1/2$
S（嫡出Ｐ子）	$1/24 = 1/2 \times 1/3 \times 1/2 \times 1/2$
T（嫡出Ｐ子）	$1/24 = 1/2 \times 1/3 \times 1/2 \times 1/2$

〈被相続人が1980（昭和55）年12月31日以前に死亡した場合〉

J（配偶者）	$1/3$
M（非嫡出子）	$1/9 = 2/3 \times 1/6$
N（非嫡出子）	$1/9 = 2/3 \times 1/6$
R（養子）	$2/9 = 2/3 \times 1/3$
Q（嫡出Ｐ妻）	$2/27 = 2/3 \times 1/3 \times 1/3$
S（嫡出Ｐ子）	$2/27 = 2/3 \times 1/3 \times 2/3 \times 1/2$
T（嫡出Ｐ子）	$2/27 = 2/3 \times 1/3 \times 2/3 \times 1/2$

ポイント

　甲（1次被相続人）Ｉが死亡して、配偶者Ｊと子ＭＮＰＲが相続人となりました。そして遺産分割成立前にＰが死亡したため、乙（2次被相続人）Ｐの妻Ｑ・子ＳＴが相続人となります。

　数人の子の相続分は、現在は同じですが（現民900四）、2013年改正前は、非嫡出子は嫡出子の2分の1でした（2013前現民900四）。子と相続するときの配偶者の相続分は、現在は2分の1ですが（現民900一）、1980年改正前は3分の1でした（1980前現民900一）。

参考ケース

　嫡出子ＰがＩより先に死亡したとき→【022】

　配偶者Ｊが先に死亡していたとき→【023】

　同じ親族関係において遺産相続したとき→【064】

第3　曾孫が再代襲相続人となるケース

【025】　被相続人（ 甲＝Ｉ ）に非嫡出子1人と嫡出孫1人と嫡出
曾孫1人がいるとき

〔親族関係〕

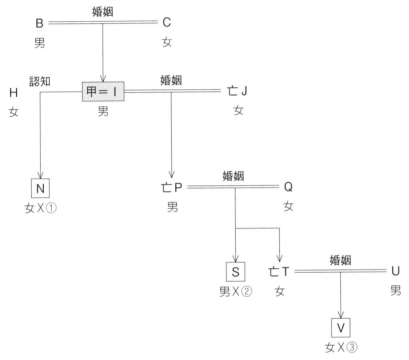

〔相続人・相続分〕

N（非嫡出子）	1/2
S（嫡出孫）	1/4＝1/2×1/2
V（嫡出曾孫）	1/4＝1/2×1/2

〈被相続人が2013（平成25）年9月4日以前に死亡した場合〉

N（非嫡出子）	1/3
S（嫡出孫）	1/3＝2/3×1/2

| V（嫡出曾孫） | 1/3＝2/3×1/2 |

ポイント

　子・孫・曾孫が相続人となります（現民887）。

　嫡出子Pと孫T（嫡出子Pの子）は、Iより先に死亡しました。そのため、Pの相続分を、嫡出孫Sと嫡出曾孫V（孫Tの子）が代襲（再代襲）相続します。代襲者は、相続権を失った者（被代襲者）に代わって、同一順位で相続人となり、相続権を失った者の相続分を承継しますから、嫡出孫Sと嫡出曾孫Vは、被代襲者（嫡出子）Pの相続分を2分の1ずつ承継します（現民887②③、1962前現民887・888①）。

　子が数人あるときの相続分は、現在は「相等しいもの」ですが（現民900四）、2013年改正前は、非嫡出子の相続分は、嫡出子の相続分の2分の1でした（2013前現民900四）。そのため、嫡出孫STが承継する嫡出子Pの相続分は、現在は非嫡出子Nと同じであるのに対し、2013年改正前は、非嫡出子Nの2倍でした。

参考ケース

　配偶者Jが生存していたとき→【026】
　嫡出子PがIを相続した後に死亡したとき→【027】

【026】　被相続人（ 甲＝I ）に妻と非嫡出子1人と嫡出孫1人と
　　　嫡出曾孫1人がいるとき

〔親族関係〕

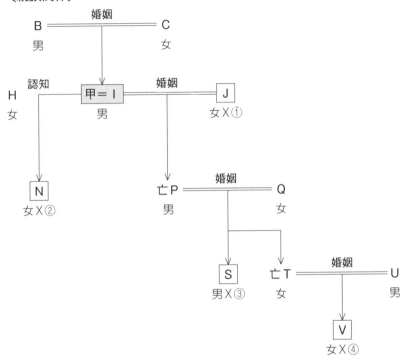

〔相続人・相続分〕

J（配偶者）	1/2
N（非嫡出子）	1/4＝1/2×1/2
S（嫡出孫）	1/8＝1/2×1/2×1/2
V（嫡出曾孫）	1/8＝1/2×1/2×1/2

〈被相続人が2013（平成25）年9月4日以前に死亡した場合〉

J（配偶者）	1/2
N（非嫡出子）	1/6＝1/2×1/3
S（嫡出孫）	1/6＝1/2×2/3×1/2

| V（嫡出曾孫） | 1/6＝1/2×2/3×1/2 |

〈被相続人が1980（昭和55）年12月31日以前に死亡した場合〉

J（配偶者）	1/3
N（非嫡出子）	2/9＝2/3×1/3
S（嫡出孫）	2/9＝2/3×2/3×1/2
V（嫡出曾孫）	2/9＝2/3×2/3×1/2

ポイント

　配偶者と子・孫・曾孫が同順位で相続人となります（現民887・890）。
　嫡出子Pと孫T（嫡出子Pの子）は、Iより先に死亡しました。そのため、Pの相続分を、嫡出孫Sと嫡出曾孫V（孫Tの子）が代襲（再代襲）相続します。代襲者は、相続権を失った者（被代襲者）に代わって、同一順位で相続人となり、相続権を失った者の相続分を承継しますから、嫡出孫Sと嫡出曾孫Vは、被代襲者（嫡出子）Pの相続分を2分の1ずつ承継します（現民887②③、1962前現民887・888①）。
　子が数人あるときの相続分は、現在は「相等しいもの」ですが（現民900四）、2013年改正前は、非嫡出子の相続分は、嫡出子の相続分の2分の1でした（2013前現民900四）。
　配偶者と子・孫・曾孫が相続人であるときの配偶者の相続分は、現在は2分の1ですが（現民900一）、1980年改正前は3分の1でした（1980前現民900一）。

参考ケース

　配偶者Jが先に死亡していたとき→【025】
　嫡出子PがIを相続した後に死亡したとき→【028】
　同じ親族関係において遺産相続したとき→【065】

【027】　1次被相続人（ 甲＝Ⅰ ）に非嫡出子1人と嫡出子1人がい
　　　　て、2次被相続人（ 乙＝P ）に妻と嫡出子1人と嫡出孫1人
　　　　がいるとき

▶キーワード　数次相続

〔親族関係〕

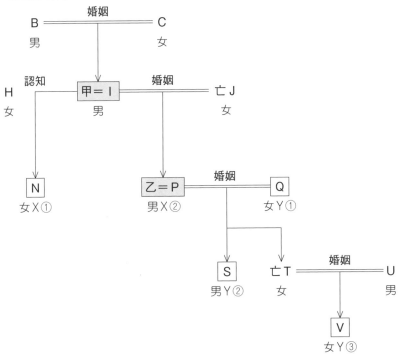

〔相続人・相続分〕

N（非嫡出子）	1/2
Q（嫡出P妻）	1/4＝1/2×1/2
S（嫡出P子）	1/8＝1/2×1/2×1/2
V（嫡出P孫）	1/8＝1/2×1/2×1/2

〈被相続人が2013（平成25）年9月4日以前に死亡した場合〉

N（非嫡出子）	1/3
Q（嫡出P妻）	1/3＝2/3×1/2

| S（嫡出Ｐ子） | $1/6 = 2/3 \times 1/2 \times 1/2$ |
| V（嫡出Ｐ孫） | $1/6 = 2/3 \times 1/2 \times 1/2$ |

〈被相続人が1980（昭和55）年12月31日以前に死亡した場合〉

N（非嫡出子）	$1/3$
Q（嫡出Ｐ妻）	$2/9 = 2/3 \times 1/3$
S（嫡出Ｐ子）	$2/9 = 2/3 \times 2/3 \times 1/2$
V（嫡出Ｐ孫）	$2/9 = 2/3 \times 2/3 \times 1/2$

ポイント

　数次相続とは、ある人（甲。1次被相続人）の相続開始後、その遺産分割成立前に、その相続人（乙。2次被相続人）の相続も開始した状況です。本ケースでは、甲（1次被相続人）Ｉが死亡して、子ＮＰが相続人となりました。そして遺産分割成立前に、Ｐが死亡しました。乙（2次被相続人）Ｐの子ＴがＰより先に死亡したことにより、Ｔの子（2次被相続人Ｐの孫）Ｖが代襲相続するため、Ｐの妻Ｑ・子Ｓ・孫Ｖが2次相続の相続人となります。

　数次相続では、まず、1次相続について法定相続分を計算します。この法定相続分は、相続開始時の民法によるのが原則です。本ケースでは、1次相続と2次相続の間には法改正がなかったことを前提として計算しています。

　子が数人あるときの相続分は、現在は「相等しいもの」ですが（現民900四）、2013年改正前は、非嫡出子の相続分は、嫡出子の相続分の2分の1でした（2013前現民900四）。

参考ケース

　嫡出子ＰがＩより先に死亡したとき→【025】
　配偶者Ｊが生存していたとき→【028】

【028】　1次被相続人（ 甲＝I ）に妻と非嫡出子1人と嫡出子1人
　　　　がいて、2次被相続人（ 乙＝P ）に妻と嫡出子1人と嫡出孫
　　　　1人がいるとき

〔親族関係〕

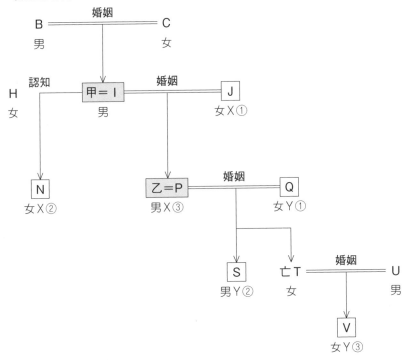

〔相続人・相続分〕

J （配偶者）	1/2
N （非嫡出子）	$1/4 = 1/2 \times 1/2$
Q （嫡出P妻）	$1/8 = 1/2 \times 1/2 \times 1/2$
S （嫡出P子）	$1/16 = 1/2 \times 1/2 \times 1/2 \times 1/2$
V （嫡出P孫）	$1/16 = 1/2 \times 1/2 \times 1/2 \times 1/2$

〈被相続人が2013（平成25）年9月4日以前に死亡した場合〉

J （配偶者）	1/2
N （非嫡出子）	$1/6 = 1/2 \times 1/3$

Q（嫡出Ｐ妻）	1/6＝1/2×2/3×1/2
S（嫡出Ｐ子）	1/12＝1/2×2/3×1/2×1/2
V（嫡出Ｐ孫）	1/12＝1/2×2/3×1/2×1/2

〈被相続人が1980（昭和55）年12月31日以前に死亡した場合〉

J（配偶者）	1/3
N（非嫡出子）	2/9＝2/3×1/3
Q（嫡出Ｐ妻）	4/27＝2/3×2/3×1/3
S（嫡出Ｐ子）	4/27＝2/3×2/3×2/3×1/2
V（嫡出Ｐ孫）	4/27＝2/3×2/3×2/3×1/2

ポイント

　甲（1次被相続人）Ｉが死亡して、配偶者Ｊと子ＮＰが相続人となりました。そして遺産分割成立前に、Ｐが死亡しました。乙（2次被相続人）Ｐの子ＴがＰより先に死亡したことにより、Ｔの子（2次被相続人Ｐの孫）Ｖが代襲相続するため、Ｐの妻Ｑ・子Ｓ・孫Ｖが2次相続の相続人となります。

　子が数人あるときの相続分は、現在は「相等しいもの」ですが（現民900四）、2013年改正前は、非嫡出子の相続分は、嫡出子の相続分の2分の1でした（2013前現民900四）。

　配偶者と子・孫が相続人であるときの配偶者の相続分は、現在は2分の1ですが（現民900一）、1980年改正前は3分の1でした（1980前現民900一）。

参考ケース

嫡出子Ｐが先に死亡したとき→【026】
配偶者Ｊが先に死亡したとき→【027】
同じ親族関係において遺産相続したとき→【066】

第4　直系尊属が相続人となるケース

【029】　被相続人（ 甲＝R ）に父母2人がいるとき

▶キーワード　父母・特別養子

〔親族関係〕

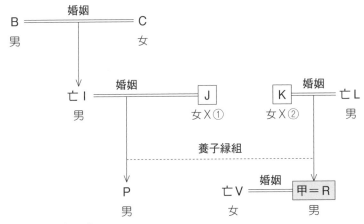

〔相続人・相続分〕

J （養母）	1/2（普通養子）又は1（特別養子）
K （実母）	1/2（普通養子）又は0（特別養子）

〈被相続人が1987（昭和62）年12月31日以前に死亡した場合〉

J （養母）	1/2
K （実母）	1/2

　ポイント

　直系尊属が相続人となります（現民889①一本文）。

　現行民法889条1項1号ただし書は、「親等の異なる者の間では、その近い者を先にする」と規定しています。「親等は、親族間の世代数を数えて、これを定める」（現民726①）ところ、被相続人（子）と父母の世

代数は1、祖父母の世代数は2です。したがって、父母ＪＫが先になり、祖父母ＢＣは相続しません。

　Ｒの父母には、養子縁組によって母となった養母Ｊと、生みの母である実母Ｋがいます。養子とは「血縁のない2人の人間が、合意によってつくり出す法的な子」（大村2010・200頁）です。「養子は、縁組の日から、養親の嫡出子の身分を取得する」（現民809）とされていますから、養母Ｊは相続人となります。この結論は、普通養子・特別養子のいずれでも同じです。

　これに対し、実父母ＫＬとＲの親子関係は、養父母ＩＪと養子Ｒとの養子縁組の種類によって異なります。①ＲがＩＪの普通養子となったときは、「実親との法的関係は切れてしまうわけではない」（大村2010・202頁）ため、実母Ｋも相続人となります。しかし、②ＩＪ夫婦との縁組によってＲが特別養子になっていたときは、実母Ｋは相続人になりません。これは、1987年改正によって新設された現行民法817条の9が「養子と実方の父母及びその血族との親族関係は、特別養子縁組によって終了する」と規定しているためです。特別養子は、子の利益のための制度として設けられたものであり、「『子の利益』を実現するというのは、第一次的には親のない（あるいは実質的にみてそれに近い）子に親を与えるということである」（大村2010・210頁）と説明されています。

　同順位の相続人が数人あるときについて、現行民法900条4号本文は「直系尊属……が数人あるときは、各自の相続分は、相等しいものとする」と規定しています。

参考ケース

　配偶者Ｖが生存していたとき→【030】
　養父Ｉが生存していたとき→【031】

【030】　被相続人（ 甲＝R ）に妻と父母2人がいるとき

〔親族関係〕

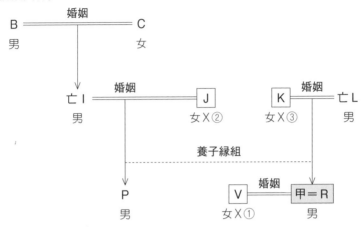

〔相続人・相続分〕

V（配偶者）	2/3
J（養母）	1/6＝1/3×1/2（普通養子）
	又は1/3（特別養子）
K（実母）	1/6＝1/3×1/2（普通養子）
	又は0（特別養子）

〈被相続人が1987（昭和62）年12月31日以前に死亡した場合〉

V（配偶者）	2/3
J（養母）	1/6＝1/3×1/2
K（実母）	1/6＝1/3×1/2

〈被相続人が1980（昭和55）年12月31日以前に死亡した場合〉

V（配偶者）	1/2
J（養母）	1/4＝1/2×1/2
K（実母）	1/4＝1/2×1/2

ポイント

　配偶者と直系尊属が同順位で相続人となります（現民889①一・890）。

　配偶者として相続人となるのは、法律婚の妻Ｖです。

　直系尊属について「親等の異なる者の間では、その近い者を先にする」（現民889①一ただし書）ため、父母が先になり、祖父母ＢＣは相続しません。

　Ｒの父母には、養子縁組によって母となった養母Ｊと、生みの母である実母Ｋがいます。養子は、縁組の日から、養親の嫡出子としての身分を取得するため（現民809）、養母Ｊは相続人となります。これに対し、実父母ＫＬとＲの親子関係は、養父母ＩＪと養子Ｒとの養子縁組の種類によって異なります。Ｒが普通養子となったときは実母Ｋも相続人となりますが、1987年改正によって新設された特別養子では、養子と実方の父母及びその血族との親族関係は、特別養子縁組によって終了するため（現民817の9）、実母Ｋは相続しません。

　配偶者と直系尊属が相続人であるときの配偶者の相続分は、現在は3分の2ですが（現民900二）、1980年改正前は2分の1でした（1980前現民900二）。

参考ケース

　配偶者Ｖが先に死亡していたとき→【029】

　養父Ｉが生存していたとき→【032】

　同じ親族関係において配偶者居住権があるとき→【050】

　同じ親族関係において相続分の指定があるとき→【051】

【031】　被相続人（ 甲＝R ）に父母3人がいるとき

〔親族関係〕

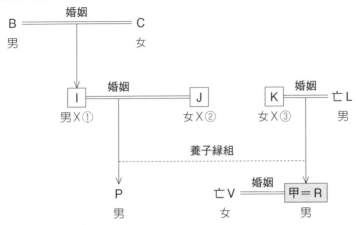

〔相続人・相続分〕

Ⅰ　（養父）	1/3（普通養子）又は1/2（特別養子）
Ｊ　（養母）	1/3（普通養子）又は1/2（特別養子）
Ｋ　（実母）	1/3（普通養子）又は0（特別養子）

〈被相続人が1987（昭和62）年12月31日以前に死亡した場合〉

Ⅰ　（養父）	1/3
Ｊ　（養母）	1/3
Ｋ　（実母）	1/3

ポイント

　直系尊属が相続人となります（現民889①一本文）。ただし、「親等の異なる者の間では、その近い者を先にする」（現民889①一ただし書）ため、父母ⅠＪＫが先になり、祖父母ＢＣは相続しません。

　Ｒの父母には、養子縁組によって父となった養父母ⅠＪと、生みの母である実母Ｋがいます。養子とは「血縁のない2人の人間が、合意によってつくり出す法的な子」（大村2010・200頁）です。「養子は、縁組の

日から、養親の嫡出子の身分を取得する」（現民809）とされていますから、養父母ＩＪは相続人となります。

　これに対し、実父母ＫＬとＲの親子関係は、養父母ＩＪと養子Ｒとの養子縁組の種類によって異なります。Ｒが普通養子となったときは、実父母との親子関係は残りますから、実母Ｋも相続人となります。これに対し、1987年改正によって新設された特別養子では、「養子と実方の父母及びその血族との親族関係は、特別養子縁組によって終了する」とされています（現民817の9）から、実母Ｋは相続しません。

参考ケース

　養父Ｉが先に死亡していたとき→【029】
　配偶者Ｖが生存していたとき→【032】
　実父Ｌが生存していたとき→【033】

コラム１　　配偶者居住権と内縁配偶者

　配偶者居住権（現民1028）（【050】参照）は、2018年改正において新設されたものであり、その法的性質は「賃借権類似の法定の債権」（中込2019・96頁）と位置付けられています。その主体が「配偶者」であるのは、現行民法752条が「夫婦は同居し、互いに協力し扶助しなければならない」と規定するなど、「配偶者は最も密接な関係にある親族として構成されており、一方の配偶者が死亡した場合に、残された配偶者の生活を保障すべき必要性が類型的に高いことなどを考慮したため」（中込2019・96頁）です。夫婦としての共同生活の実体はあるものの婚姻届を提出していない者（内縁配偶者）も保護すべきという意見もありましたが、採用されませんでした。その理由は、「配偶者居住権は、遺産分割等における選択肢を増やす趣旨で新設されたものであるから」（中込2019・97頁）、相続権を有する配偶者（法律婚の配偶者）に限るべきことにあります。

【032】　被相続人（ 甲＝R ）に妻と父母3人がいるとき

〔親族関係〕

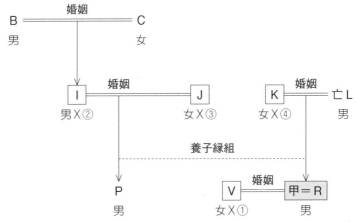

〔相続人・相続分〕

V（配偶者）	2/3
I（養父）	1/9＝1/3×1/3（普通養子） 又は1/6＝1/3×1/2（特別養子）
J（養母）	1/9＝1/3×1/3（普通養子） 又は1/6＝1/3×1/2（特別養子）
K（実母）	1/9＝1/3×1/3（普通養子） 又は0（特別養子）

〈被相続人が1987（昭和62）年12月31日以前に死亡した場合〉

V（配偶者）	2/3
I（養父）	1/9＝1/3×1/3
J（養母）	1/9＝1/3×1/3
K（実母）	1/9＝1/3×1/3

〈被相続人が1980（昭和55）年12月31日以前に死亡した場合〉

V（配偶者）	1/2
I（養父）	1/6＝1/2×1/3

| J （養母） | $1/6 = 1/2 \times 1/3$ |
| K （実母） | $1/6 = 1/2 \times 1/3$ |

ポイント

　配偶者と直系尊属が同順位で相続人となります（現民889①一・890）。配偶者として相続人となるのは、法律婚の妻Ｖです。

　直系尊属について「親等の異なる者の間では、その近い者を先にする」（現民889①一ただし書）ため、祖父母ＢＣは相続しません。養子は、縁組の日から、養親の嫡出子としての身分を取得するため（現民809）、養父母ＩＪは相続人となります。これに対し、実父母ＫＬとＲの親子関係は、養子縁組の種類によって異なります。Ｒが普通養子となったときは実母Ｋも相続人となりますが、特別養子では、養子と実方の父母及びその血族との親族関係は特別養子縁組によって終了するため（現民817の9）、実母Ｋは相続しません。

　配偶者と直系尊属が相続人であるときの配偶者の相続分は、現在は3分の2ですが（現民900二）、1980年改正前は2分の1でした（1980前現民900二）。

参考ケース

　養父Ｉが先に死亡していたとき→【030】
　配偶者Ｖが先に死亡していたとき→【031】
　実父Ｌが生存していたとき→【034】
　同じ親族関係において遺産相続したとき→【067】

【033】　被相続人（ 甲＝R ）に父母4人がいるとき

〔親族関係〕

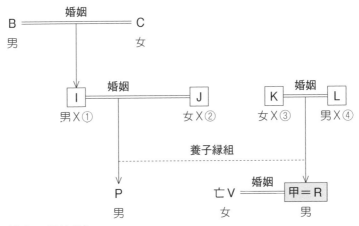

〔相続人・相続分〕

I（養父）	1/4（普通養子）又は1/2（特別養子）
J（養母）	1/4（普通養子）又は1/2（特別養子）
K（実母）	1/4（普通養子）又は0（特別養子）
L（実父）	1/4（普通養子）又は0（特別養子）

〈被相続人が1987（昭和62）年12月31日以前に死亡した場合〉

I（養父）	1/4
J（養母）	1/4
K（実母）	1/4
L（実父）	1/4

ポイント

　直系尊属が相続人となります（現民889①一本文）。ただし、「親等の異なる者の間では、その近い者を先にする」（現民889①一ただし書）ため、父母IJKLが先になり、祖父母BCは相続しません。

　Rの父母には、養子縁組によって親となった養父母IJと、生みの

親である実父母ＫＬがいます。養子とは「血縁のない2人の人間が、合意によってつくり出す法的な子」（大村2010・200頁）です。「養子は、縁組の日から、養親の嫡出子の身分を取得する」（現民809）とされていますから、養父母ＩＪは相続人となります。

　これに対し、実父母ＫＬとＲの親子関係は、養父母ＩＪと養子Ｒとの養子縁組の種類によって異なります。Ｒが普通養子となったときは、実父母との親子関係は残りますから、実父母ＫＬも相続人となります。これに対し、1987年改正によって新設された特別養子では、「養子と実方の父母及びその血族との親族関係は、特別養子縁組によって終了する」とされています（現民817の9）から、実父母ＫＬは相続しません。

[参考ケース]

　　実父Ｌが先に死亡していたとき→【031】
　　配偶者Ｖが生存していたとき→【034】
　　同じ親族関係において遺産相続したとき→【068】

【034】 被相続人（ 甲＝R ）に妻と父母4人がいるとき

〔親族関係〕

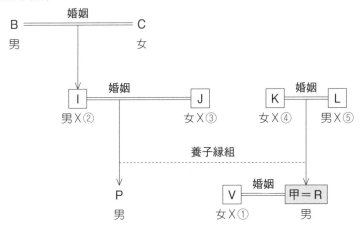

〔相続人・相続分〕

V （配偶者）	2/3
I （養父）	1/12＝1/3×1/4（普通養子） 又は1/6＝1/3×1/2（特別養子）
J （養母）	1/12＝1/3×1/4（普通養子） 又は1/6＝1/3×1/2（特別養子）
K （実母）	1/12＝1/3×1/4（普通養子） 又は0（特別養子）
L （実父）	1/12＝1/3×1/4（普通養子） 又は0（特別養子）

〈被相続人が1987（昭和62）年12月31日以前に死亡した場合〉

V （配偶者）	2/3
I （養父）	1/12＝1/3×1/4
J （養母）	1/12＝1/3×1/4
K （実母）	1/12＝1/3×1/4
L （実父）	1/12＝1/3×1/4

〈被相続人が1980（昭和55）年12月31日以前に死亡した場合〉

V （配偶者）	1/2
Ｉ （養父）	$1/8 = 1/2 \times 1/4$
Ｊ （養母）	$1/8 = 1/2 \times 1/4$
Ｋ （実母）	$1/8 = 1/2 \times 1/4$
Ｌ （実父）	$1/8 = 1/2 \times 1/4$

ポイント

　配偶者と直系尊属が同順位で相続人となります（現民889①一・890）。配偶者として相続人となるのは、法律婚の妻Ｖです。

　直系尊属について「親等の異なる者の間では、その近い者を先にする」（現民889①一ただし書）ため、祖父母ＢＣは相続しません。養子は、縁組の日から、養親の嫡出子としての身分を取得するため（現民809）、養父母ＩＪは相続人となります。これに対し、実父母ＫＬとＲの親子関係は、養子縁組の種類によって異なります。Ｒが普通養子となったときは実父母ＫＬも相続人となりますが、特別養子では、養子と実方の父母及びその血族との親族関係は、特別養子縁組によって終了するため（現民817の9）、実父母ＫＬは相続しません。

　配偶者と直系尊属が相続人であるときの配偶者の相続分は、現在は3分の2ですが（現民900二）、1980年改正前は2分の1でした（1980前現民900二）。

参考ケース

　実父Ｌが先に死亡していたとき→【032】
　配偶者Ｖが先に死亡していたとき→【033】

【035】　被相続人（ 甲＝R ）に祖父母2人がいるとき

▶キーワード　祖父母

〔親族関係〕

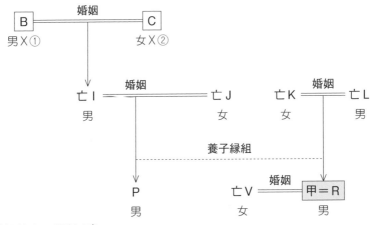

〔相続人・相続分〕

B （祖父）	1/2
C （祖母）	1/2

ポイント

　直系尊属が相続人となります（現民889①一本文）。

　現行民法889条1項1号本文は、「被相続人の直系尊属」と規定しています。直系尊属には、「父母だけでなく、父母がいない場合には祖父母が、祖父母がいない場合には、曾祖父母が相続人となるというように、1親等以遠の直系尊属も含めた直系尊属全体」（潮見外91頁〔冷水登紀代〕）が含まれます。

　直系尊属のうち「親等の異なる者の間では、その近い者を先にする」（現民889①一ただし書）ところ、「親等は、親族間の世代数を数えて、これを定め」（現民726①）ます。被相続人（子）と父母の世代数は1、祖父

母の世代数は2です。父母の世代は全て先に死亡していたため、祖父母ＢＣは相続人となります。

　直系尊属について代襲相続を認める規定はありません。そのため、直系尊属が死亡等していたときは、次の順位である兄弟姉妹が相続することになります（現民889①二）。

参考ケース

　配偶者Ｖが生存していたとき→【036】
　同じ親族関係において遺産相続したとき→【069】

コラム2　死亡保険金請求権の固有権性

　相続の放棄（現民939）（【041】参照）をすると、相続人は積極財産も一切取得することができなくなります。しかし、ここにいう「積極財産」に、保険金受取人（保険法2五）（保険給付を受け取る者として生命保険契約又は傷害疾病定額保険契約で定めるもの）として指定された相続人が取得する死亡保険金請求権は含まれませんから、相続の放棄をしたことによって死亡保険金請求権を失うことはありません。最判昭40・2・2民集19・1・1は、「保険金受取人としてその請求権発生当時の相続人たるべき個人を特に指定した場合には、右請求権は、保険契約の効力発生と同時に右相続人の固有財産となり、被保険者（兼保険契約者）の遺産より離脱しているものといわねばならない」と判示しました。このことは、「被相続人の締結した契約に基づき、かつ被相続人の死亡により相続人が保険金請求権を取得するにもかかわらず同請求権は相続財産に属さないということをさして、保険金請求権の固有権性とよぶ。相続人でもある保険金受取人は、自己固有の権利として保険者に対する権利を原始取得するとされるのである」（山下339頁）と説明されています。

【036】　被相続人（ 甲＝R ）に妻と祖父母2人がいるとき

〔親族関係〕

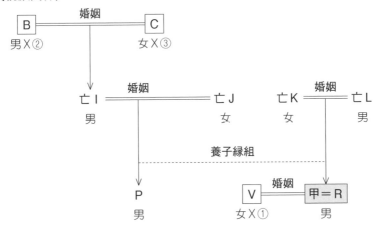

〔相続人・相続分〕

V（配偶者）	2/3
B（祖父）	1/6＝1/3×1/2
C（祖母）	1/6＝1/3×1/2

〈被相続人が1980（昭和55）年12月31日以前に死亡した場合〉

V（配偶者）	1/2
B（祖父）	1/4＝1/2×1/2
C（祖母）	1/4＝1/2×1/2

ポイント

　配偶者と直系尊属が同順位で相続人となります（現民889①一・890）。

　配偶者として相続人となるのは、法律婚の妻Vです。

　直系尊属のうち「親等の異なる者の間では、その近い者を先にする」

（現民889①一ただし書）ところ、父母ⅠJKLが先に死亡していたため、

祖父母BCは相続人となります。

　配偶者と直系尊属が相続人であるときの配偶者の相続分は、現在は

3分の2ですが (現民900二)、1980年改正前は2分の1でした (1980前現民900二)。

参考ケース

配偶者Ｖが先に死亡していたとき→【035】

同じ親族関係において遺贈があるとき→【052】

同じ親族関係において遺留分が請求されるとき→【053】

コラム3　死亡交通事故と相続構成

　現在の実務では、死亡した被害者が損害賠償請求権を取得し、これを遺族が相続して加害者に請求するという考え方 (相続構成) を原則としています。これに対する疑問として、「生命侵害の場合には、被害者である死者自身に損害賠償請求権が帰属することはないことを前提とした規定である (それゆえ〔筆者注：現民〕710条には『生命』が入っていない)」(大村2020・175〜176頁) という指摘があります。しかし、現行民法711条の主体は「被害者の父母、配偶者及び子」ですから、法定相続人と一致するとは限りません。例えば、被害者に子があるときの父母は法定相続人ではないものの (現民887・889①) (【029】参照)、固有慰謝料の請求権者です。最大判昭42・11・1民集21・9・2249は、「慰謝料請求権そのものは、財産上の損害賠償請求権と同様、単純な金銭債権であり、相続の対象となりえないものと解すべき法的根拠はなく、〔筆者注：現行〕民法711条によれば…固有の慰謝料請求権を取得しうるが、この両者の請求権は被害法益を異にし、併存しうるものであり、かつ、被害者の相続人は、必ずしも、同条の規定により慰謝料請求権を取得しうるものとは限らないのであるから、同条があるからといって、慰謝料請求権が相続の対象となりえないものと解すべきではない」と判示しました。

第5　兄弟姉妹が相続人となるケース

【037】　被相続人（ 甲＝Ｉ ）に兄弟姉妹2人がいるとき

▶キーワード　兄弟姉妹

〔親族関係〕

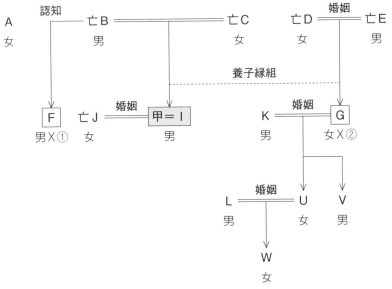

〔相続人・相続分〕

F（半血兄弟）	1/3
G（全血姉妹）	2/3

ポイント

　兄弟姉妹が相続人となります（現民889①二）。

　兄弟姉妹が2親等であるのは、「傍系親族の親等を定めるには、その1人又はその配偶者から同一の祖先にさかのぼり、その祖先から他の1人に下るまでの世代数による」（現民726②）ためです。兄姉は尊属、弟妹は卑属となりますが、この区別は相続に影響しません。傍系親族に

ついては、「家長とその妻、家長の後継者とその妻、という1世代1夫婦という線が明確になり、その他の家族員は家の構造に直接関係のない周辺成員ともよぶべきものである。……ここに日本独特の"直系・傍系"という概念が発達したのである。すなわち、直系は家の正式成員であり、傍系は周辺成員である」(中根・104頁)と指摘されています。

　Fは、Ⅰの半血兄弟です。これは、父Bのみを同じくする（Fの母はA、Ⅰの母はCで、母は異なる）ためです。

　Gは、Ⅰの全血姉妹です。これは、父母BCを同じくするためです。BCは、Gにとっては養父母、Ⅰにとっては実父母ですが、このことは相続に影響しません。

　同順位の相続人が数人あるときについて、現行民法900条4号は「兄弟姉妹が数人あるときは、各自の相続分は、相等しいものとする。ただし、父母の一方のみを同じくする兄弟姉妹の相続分は、父母の双方を同じくする兄弟姉妹の相続分の2分の1とする」と規定しています。全血兄弟姉妹とは、「父母の双方を同じくする兄弟姉妹」(現民900四)です。半血兄弟姉妹とは、「父母の一方のみを同じくする兄弟姉妹」(現民900四)です。現行民法900条4号ただし書が半血兄弟の相続分を全血兄弟の相続分の2分の1とすることについては、「実親・養親の組合せを問わず、『父母』が何らかの形で共通であれば全血、共通でなければ半血である」(潮見外233〜234頁〔冷水登紀代〕)と説明されています。

　そのため、本ケースの相続分は、半血兄弟Fは3分の1、全血姉妹Gは3分の2となります。

参考ケース

　配偶者Jが生存していたとき→【038】
　全血姉妹Gが先に死亡していたとき→【039】

【038】　被相続人（ 甲＝Ｉ ）に妻と兄弟姉妹2人がいるとき

〔親族関係〕

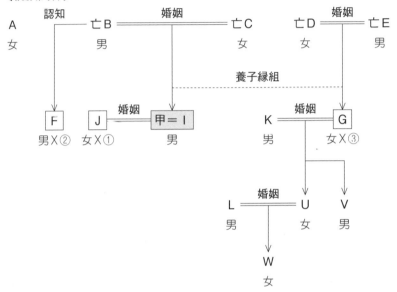

〔相続人・相続分〕

J （配偶者）	3/4
F （半血兄弟）	1/12＝1/4×1/3
G （全血姉妹）	1/6＝1/4×2/3

〈被相続人が1980（昭和55）年12月31日以前に死亡した場合〉

J （配偶者）	2/3
F （半血兄弟）	1/9＝1/3×1/3
G （全血姉妹）	2/9＝1/3×2/3

ポイント

　配偶者と兄弟姉妹が相続人となります（現民889①二・890）。

　Fは、Iの半血兄弟です。これは、父Bのみを同じくする（Fの母はA、Iの母はCで、母は異なる）ためです。

　Ｇは、Ｉの全血姉妹です。これは、父母ＢＣを同じくするためです。
ＢＣは、Ｇにとっては養父母、Ｉにとっては実父母ですが、このこと
は相続に影響しません。

　兄弟姉妹が数人あるときの相続分は、原則として「相等しいもの」
ですが、父母の一方のみを同じくする（半血の）兄弟姉妹の相続分は、
父母の双方を同じくする（全血の）兄弟姉妹の相続分の2分の1です（現
民900四）。

　配偶者と兄弟姉妹が相続人であるときの配偶者の相続分は、現在は
4分の3ですが（現民900三）、1980年改正前は3分の2でした（1980前現民900
三）。

参考ケース

　配偶者Ｊが先に死亡していたとき→【037】
　全血姉妹Ｇが先に死亡していたとき→【040】

第6　甥姪が代襲相続人となるケース

【039】　被相続人（ 甲＝Ｉ ）に兄弟姉妹1人と甥姪1人と甥姪の
　　　　子1人がいるとき

▶キーワード　甥姪

〔親族関係〕

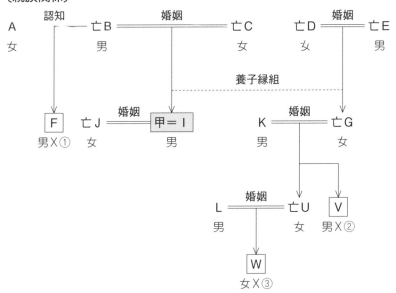

〔相続人・相続分〕

F（半血兄弟）	1/3
V（全血甥）	2/3

〈被相続人が1980（昭和55）年12月31日以前に死亡した場合〉

F（半血兄弟）	1/3
V（全血甥）	1/3＝2/3×1/2
W（全血姪の子）	1/3＝2/3×1/2

ポイント

　兄弟姉妹・甥等が相続人となります（現民889①二・②）。

　Ｆは、Ｉの半血兄弟です。これは、父Ｂのみを同じくする（Ｆの母はＡ、Ｉの母はＣで、母は異なる）ためです。

　Ｖは、Ｉの甥（全血姉妹Ｇの子）であり、Ｇを代襲相続します。これは、現行民法889条2項が、子の代襲者に関する現行民法887条2項を準用しているためです。「全血・半血の兄弟姉妹が存在する場合には、被代襲者が被相続人の全血兄弟姉妹か半血兄弟姉妹かによって法定相続分が異なるため、代襲相続人の法定相続分も異なる」（潮見外244頁〔本山敦〕）ことになります。現在では、兄弟姉妹には再代襲相続がありません。その理由として、「老人が死亡して、兄弟姉妹が相続人となり、その代襲相続が順ぐりに行われると、数十人、極端な場合には百人以上という相続人が出てきて、相続関係の処理が複雑になる場合のあること」が指摘されました（加藤1980・75頁）。

　1980年改正前現行民法889条2項は、同887条3項も準用していました。これは、兄弟姉妹の再代襲も制限されていなかったこと、すなわち、兄弟姉妹の子（甥姪）である代襲者が相続の開始以前に死亡したとき等に再代襲相続が認められていたことを意味します。そのため、Ｗは、Ｉの姪Ｕ（全血姉妹Ｇの子）の子として、再代襲相続しました。

　兄弟姉妹が数人あるときの相続分は、原則として「相等しいもの」ですが、父母の一方のみを同じくする（半血の）兄弟姉妹の相続分は、父母の双方を同じくする（全血の）兄弟姉妹の相続分の2分の1です（現民900四）。

参考ケース

　全血姉妹Ｇが生存していたとき→【037】
　配偶者Ｊが生存していたとき→【040】

【040】　被相続人（ 甲＝I ）に妻と兄弟姉妹1人と甥姪1人と甥
　　姪の子1人がいるとき

〔親族関係〕

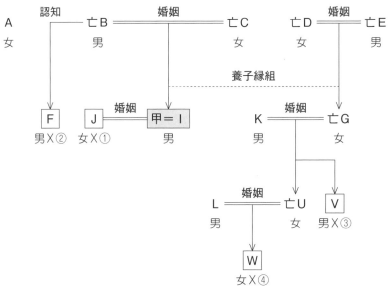

〔相続人・相続分〕

J （配偶者）	3/4
F （半血兄弟）	1/12＝1/4×1/3
V （全血甥）	1/6＝1/4×2/3

〈被相続人が1980（昭和55）年12月31日以前に死亡した場合〉

J （配偶者）	2/3
F （半血兄弟）	1/9＝1/3×1/3
V （全血甥）	1/9＝1/3×2/3×1/2
W （全血姪の子）	1/9＝1/3×2/3×1/2

ポイント

　配偶者と兄弟姉妹が相続人となります（現民889①二・890）。

　Ｆは、Ｉの半血兄弟です。これは、父Ｂのみを同じくする（Ｆの母はＡ、Ｉの母はＣで、母は異なる）ためです。

　Ｖは、Ｉの甥（全血姉妹Ｇの子）であり、Ｇを代襲相続します。これは、現行民法889条2項が、子の代襲者に関する現行民法887条2項を準用しているためです。

　1980年改正前現行民法889条2項は、同887条3項も準用していました。このことは、1980年改正前は、子の子（孫）等の代襲相続と同様に、兄弟姉妹の再代襲も制限されていなかったこと、すなわち、兄弟姉妹の子（甥姪）である代襲者が相続の開始以前に死亡したとき等に再代襲相続が認められていたことを意味します。そのため、Ｗは、Ｉの姪Ｕ（全血姉妹Ｇの子）の子として、再代襲相続しました。

　兄弟姉妹が数人あるときの相続分は、原則として「相等しいもの」ですが、父母の一方のみを同じくする（半血の）兄弟姉妹の相続分は、父母の双方を同じくする（全血の）兄弟姉妹の相続分の2分の1です（現民900四）。

　配偶者と兄弟姉妹が相続人であるときの配偶者の相続分は、現在は4分の3ですが（現民900一）、1980年改正前は3分の2でした（1980前現民900一）。

参考ケース

　全血姉妹Ｇが生存していたとき→【038】

　配偶者Ｊが先に死亡していたとき→【039】

第7　特別な事情のあるケース

【041】　被相続人（ 甲＝Ｉ ）に妻と非嫡出子1人と嫡出子1人が
　　　　いて、そのうち1人が相続を放棄したとき

▶キーワード　相続の放棄

〔親族関係〕

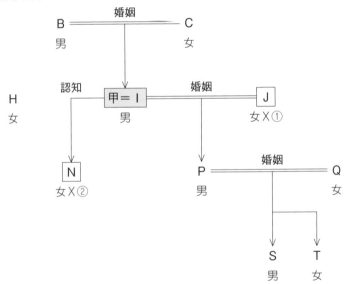

〔相続人・相続分〕

J（配偶者）	1/2
N（非嫡出子）	1/2
P（嫡出子）	0（相続の放棄）

〈被相続人が1980（昭和55）年12月31日以前に死亡した場合〉

J（配偶者）	1/3
N（非嫡出子）	2/3
P（嫡出子）	0（相続の放棄）

〈被相続人が1962（昭和37）年12月31日以前に死亡した場合〉

J　（配偶者）	1/3（株分け説・別格説）
	又は27/45（文言説）
N　（非嫡出子）	2/3（株分け説・別格説）
	又は18/45（文言説）
P　（嫡出子）	0（相続の放棄）

ポイント

　本ケースでは、嫡出子Ｐが相続を放棄しました。相続の放棄は、相続人の意思表示に基づいて法定相続人とならないことを認めるものです。現行民法939条は「相続の放棄をした者は、その相続に関しては、初めから相続人とならなかったものとみなす」と規定しています。

　1962年改正前現行民法939条は、1項で「放棄は、相続開始の時にさかのぼってその効力を生ずる」、2項で「数人の相続人がある場合において、その1人が放棄をしたときは、その相続分は、他の相続人の相続分に応じてこれに帰属する」と規定しており、解釈が分かれていました。株分け説（別格説）は「配偶者は直系卑属とは別系列の相続人であって、1/3の相続分はその地位に固定したものであり、子が放棄をしたかどうかによって相続分が増加するのはおかしいという考え方」（加藤1962b・50頁）であり、現在の法律と同じ結果になります。

　これに対して、文言説によると、本ケースでは、放棄をしたＰの4/9の相続分は、他の相続人であるＪ（1/3）とＮ（2/9）の相続分に応じて分割され、Ｊ（1/3＋12/45＝27/45）とＮ（2/9＋8/45＝18/45）になります。

参考ケース

　同じ親族関係において法定相続したとき→【004】
　同じ親族関係において相続土地を国庫帰属したとき→【042】

【042】　被相続人（ 甲＝I ）に妻と非嫡出子1人と嫡出子1人が
　　　いて、相続した土地の国庫帰属を希望するとき

▶キーワード　相続土地国庫帰属法

〔親族関係〕

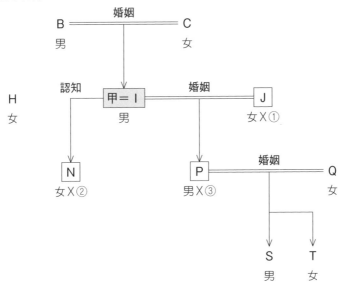

〔相続人・相続分〕

J （配偶者）	1/2
N （非嫡出子）	1/4＝1/2×1/2
P （嫡出子）	1/4＝1/2×1/2

〈被相続人が2013（平成25）年9月4日以前に死亡した場合〉

J （配偶者）	1/2
N （非嫡出子）	1/6＝1/2×1/3
P （嫡出子）	1/3＝1/2×2/3

〈被相続人が1980（昭和55）年12月31日以前に死亡した場合〉

J （配偶者）	1/3
N （非嫡出子）	2/9＝2/3×1/3
P （嫡出子）	4/9＝2/3×2/3

| ポイント |

　相続等により取得した土地所有権の国庫への帰属に関する法律（令和3年法律25号）1条は、「この法律は、社会経済情勢の変化に伴い所有者不明土地（相当な努力を払ってもなおその所有者の全部又は一部を確知することができない土地をいう。）が増加していることに鑑み、相続又は遺贈（相続人に対する遺贈に限る。）……により土地の所有権又は共有持分を取得した者等がその土地の所有権を国庫に帰属させることができる制度を創設し、もって所有者不明土地の発生の抑制を図ることを目的とする」と規定しています。同法附則1項は施行期日を「公布の日から起算して2年を超えない範囲内において政令で定める日」としており、これは令和5年4月27日と定められました（令和3年政令333号）。

　相続土地国庫帰属制度は、土地の相続人に個別の土地を手放すための選択肢を増やすものです。その理由は、「相続等を契機として土地を望まずに取得した相続人にとっては、土地の管理についての負担感が大きく、類型的に将来その土地の所有者が不明となるおそれが高い」（小出邦夫法務省民事局長：第204回国会（令和3年）衆議院法務委員会会議録6号19頁）と説明されました。本ケースの共同相続人ＪＮＰが国庫帰属の承認申請をするときは「共有者の全員が共同して行う」ことが必要です（同法2②）。また、承認申請は却下される場合もあり（同法4）、承認されたときは負担金の納付が必要となります（同法10）。

| 参考ケース |

　同じ親族関係において法定相続したとき→【004】
　同じ親族関係において相続を放棄したとき→【041】

【043】 被相続人（ 甲＝Ⅰ ）に妻と準正子1人と嫡出子1人がいて、そのうち1人に欠格事由があるとき

▶キーワード　欠格

〔親族関係〕

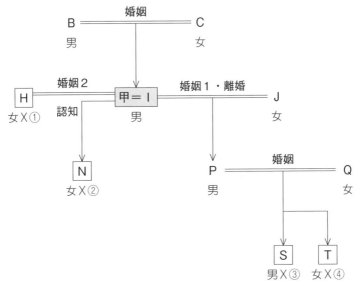

〔相続人・相続分〕

H （配偶者）	1/2
N （準正子）	1/4
P （嫡出子）	0（欠格）
S （嫡出孫）	1/8＝1/4×1/2
T （嫡出孫）	1/8＝1/4×1/2

〈被相続人が1980（昭和55）年12月31日以前に死亡した場合〉

H （配偶者）	1/3
N （準正子）	1/3＝2/3×1/2
P （嫡出子）	0（欠格）
S （嫡出孫）	1/6＝2/3×1/2×1/2
T （嫡出孫）	1/6＝2/3×1/2×1/2

ポイント

　欠格とは、「一定の要件を満たす場合には、相続人となる資格が失わ
れるという制度」（大村2017a・71頁）です。一定の事由に該当するとき
に相続人となることを否定するものであり、この効果は、当然に生じ
ます。現行民法891条は、「次に掲げる者は、相続人となることができ
ない」として、(1)「故意に被相続人又は相続について先順位若しくは
同順位にある者を死亡するに至らせ、又は至らせようとしたために、
刑に処せられた者」、(2)「被相続人の殺害されたことを知って、これ
を告発せず、又は告訴しなかった者。ただし、その者に是非の弁別が
ないとき、又は殺害者が自己の配偶者若しくは直系血族であったとき
は、この限りではない」、(3)「詐欺又は強迫によって、被相続人が相
続に関する遺言をし、撤回し、取り消し、又は変更することを妨げた
者」、(4)「詐欺又は強迫によって、被相続人に相続に関する遺言をさ
せ、撤回させ、取り消させ、又は変更させた者」、(5)「相続に関する
被相続人の遺言書を偽造し、変造し、破棄し、又は隠匿した者」を列
挙しています。
　被相続人の子が現行民法891条の規定（欠格）に該当したときは、そ
の者の子（被相続人の孫）がこれを代襲して相続人となります（現民
887②）。そのため、嫡出子Ｐが欠格した本ケースでは、その子（甲＝Ｉ
の孫）ＳＴが代襲相続人となります。

参考ケース

　同じ親族関係において法定相続したとき→【005】
　同じ親族関係においてＰが廃除されたとき→【044】
　同じ親族関係において相続人が存在しないとき→【045】

【044】　被相続人（　甲＝Ｉ　）に妻と準正子1人と嫡出子1人がい
　　て、そのうち1人が廃除されるとき

▶キーワード　廃除

〔親族関係〕

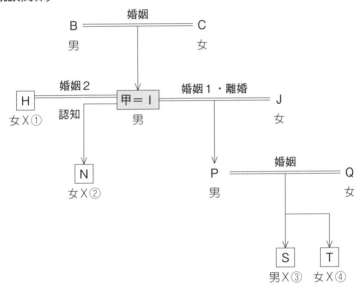

〔相続人・相続分〕

H（配偶者）	1/2
N（準正子）	1/4
P（嫡出子）	0（廃除）
S（嫡出孫）	1/8＝1/4×1/2
T（嫡出孫）	1/8＝1/4×1/2

〈被相続人が1980（昭和55）年12月31日以前に死亡した場合〉

H（配偶者）	1/3
N（準正子）	1/3＝2/3×1/2
P（嫡出子）	0（廃除）
S（嫡出孫）	1/6＝2/3×1/2×1/2
T（嫡出孫）	1/6＝2/3×1/2×1/2

ポイント

　廃除とは、被相続人となる者の意思に基づいて、法定相続人となることを否定するものです。これは、「民法典の定めによって推定相続人とされていても、被相続人が廃除の手続をとると相続権を失う。これには、家庭裁判所の審判を要する（家事39条・別表第1の86、188条……）」（大村2017a・72頁）と説明されています。本ケースの嫡出子Ｐは、廃除されたため、相続人になりません。

　現行民法892条は、「遺留分を有する推定相続人（相続が開始した場合に相続人となるべき者をいう……）が、被相続人に対して虐待をし、若しくはこれに重大な侮辱を加えたとき、又は推定相続人にその他の著しい非行があったときは、被相続人は、その推定相続人の廃除を家庭裁判所に請求することができる」と規定しています。廃除の対象は「遺留分を有する推定相続人」（現民892）であり、兄弟姉妹を含みません。この理由は、兄弟姉妹の相続権は「遺言によって被相続人が自由に奪うことが可能だからである。結局、廃除というのは遺言で左右できない遺留分をも失わせるという手続であるということになる」（大村2017a・72頁）と説明されています。

　被相続人の子が廃除によって、その相続権を失ったときは、その者の子（被相続人の孫）がこれを代襲して相続人となります（現民887②）。そのため、嫡出子Ｐが廃除された本ケースでは、その子（甲＝Ｉの孫）ＳＴが代襲相続人となります。

参考ケース

　同じ親族関係において法定相続したとき→【005】
　同じ親族関係においてＰが欠格したとき→【043】
　同じ親族関係において相続人が存在しないとき→【045】

【045】　被相続人（ 甲＝Ｉ ）に妻と準正子1人と嫡出子1人がい
　　　　て、そのうち1人は廃除され、残り全員が相続を放棄すると
　　　　き

▶キーワード　相続人不存在

〔親族関係〕

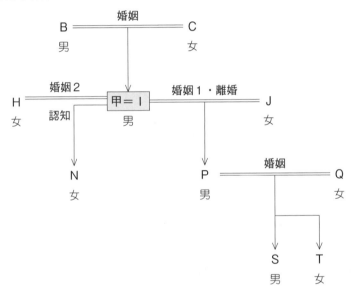

〔相続人・相続分〕

H（配偶者）	0（相続の放棄）
N（準正子）	0（相続の放棄）
P（嫡出子）	0（廃除）
S（嫡出孫）	0（相続の放棄）
T（嫡出孫）	0（相続の放棄）
B（父）	0（相続の放棄）
C（母）	0（相続の放棄）

ポイント

　相続の放棄は、相続人の意思表示に基づいて法定相続人とならないことを認めるものです。現行民法939条は「相続の放棄をした者は、その相続に関しては、初めから相続人とならなかったものとみなす」と規定しています。2021年改正の際には、「相続放棄の申述件数でございますが、長期にわたりまして増加傾向にあります。」(上川陽子法務大臣：第204回国会（令和3年）参議院法務委員会会議録7号8頁）と説明されました。

　本ケースでは、配偶者Hは相続を放棄しました。

　廃除とは、被相続人となる者の意思に基づいて法定相続人となることを否定するものであり、本ケースの嫡出子Pは、廃除されたため相続人になりません。被相続人の子Pが廃除によって相続権を失ったため、その者の子（被相続人の孫）ＳＴが代襲相続人となるところ、本ケースのＳＴは相続を放棄しました。準正子Ｎも相続放棄したため、直系尊属（父母）ＢＣが相続人となるところ、本ケースのＢＣも相続を放棄しました。

　これによって法定相続人はいないことになり、相続財産は法人となります（現民951）。その場合に選任される者の名称は「相続財産の管理人」（現民952）であるところ、2021年改正（令和3年法律332号）の原則施行日である令和5年4月1日からは「相続財産の清算人」(2021後現民952)に変更されます。特別縁故者に対する相続財産の分与の規定（現民958の3、2021後現民958の2）によって処分されなかった相続財産は、国庫に帰属します（現民959）。

参考ケース

同じ親族関係において法定相続したとき→【005】
同じ親族関係においてPが欠格したとき→【043】
同じ親族関係においてＨＮＳＴが相続を放棄しないとき→【044】

【046】　被相続人（ 甲＝I ）に妻と準正子1人と嫡出子1人と養
　　　　子1人がいて、それ以外の相続人でない人が特別の寄与をし
　　　　たとき

▶キーワード　特別の寄与

〔親族関係〕

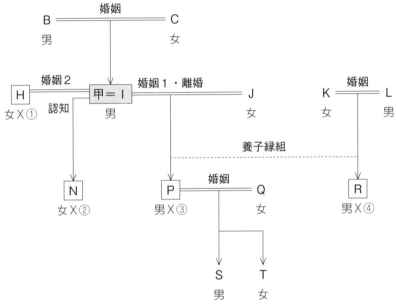

〔法定相続人・法定相続分〕

H（配偶者）	1/2
N（準正子）	1/6＝1/2×1/3
P（嫡出子）	1/6＝1/2×1/3
R（養子）	1/6＝1/2×1/3

〈被相続人が1980（昭和55）年12月31日以前に死亡した場合〉

H（配偶者）	1/3
N（準正子）	2/9＝2/3×1/3
P（嫡出子）	2/9＝2/3×1/3

R（養子）	2/9＝2/3×1/3

ポイント

　現行民法1050条は、相続人ではない人について一定の保護を与えるため、被相続人に対して無償で療養看護その他の労務の提供をしたことにより、被相続人の財産の維持又は増加に「特別の寄与」をしたと認められるときは、被相続人の親族であれば（相続放棄等した場合を除いて）その寄与に応じた額の金銭（これを「特別寄与料」といいます。）を請求できると規定しています。これは、「療養看護等を全く行わなかった相続人が遺産の分配を受ける一方で、実際に療養看護等に努めた者が相続人でないという理由でその分配に与れないことについては、不公平感を覚える者が多い」（法務省民事局参事官室「民法（相続関係）等の改正に関する中間試案の補足説明」80頁）という指摘を受けて、2018年改正によって新設されたものです。本ケースで、相続人Ｐの妻Ｑが特別の寄与をしたとき、妻Ｑは相続人ではないものの、2018年改正後は自らの権利として特別寄与料を請求することができます。

　権利行使期間は短く制限されており、①「特別寄与者が相続の開始及び相続人を知った時から6か月を経過したとき」、又は、②「相続開始の時から1年を経過したとき」には、家庭裁判所に対して協議に代わる処分を請求することができなくなります（現民1050②ただし書）。

参考ケース

　同じ親族関係において法定相続したとき→【012】
　同じ親族関係において相続人の寄与分があるとき→【047】

【047】　被相続人（ 甲＝Ⅰ ）に妻と準正子1人と嫡出子1人と養
　　　　子1人がいて、そのうち1人に寄与分があるとき

　▶キーワード　寄与分

〔親族関係〕

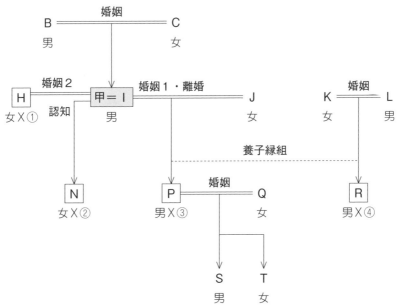

〔法定相続人・法定相続分〕

H（配偶者）	1/2
N（準正子）	1/6＝1/2×1/3
P（嫡出子）	1/6＝1/2×1/3
R（養子）	1/6＝1/2×1/3

〈被相続人が1980（昭和55）年12月31日以前に死亡した場合〉

H（配偶者）	1/3
N（準正子）	2/9＝2/3×1/3
P（嫡出子）	2/9＝2/3×1/3
R（養子）	2/9＝2/3×1/3

ポイント

　相続人が複数いるとき、その法定相続分は、被相続人との関係で決まります。例えば、父親が死亡し、長女と二女が相続したときは、法定相続分は2分の1ずつです（現民900四）。でも、実際の遺産分割においては、特別の事情があるときは、法定相続分と違う割合で処理をします。例えば、二女が父親のために多額の医療費を負担していたときに二女の相続分を多くすること（寄与分）があります。現行民法904条の2第1項は「共同相続人中に、被相続人の事業に関する労務の提供又は財産上の給付、被相続人の療養看護その他の方法により被相続人の財産の維持又は増額について特別の寄与をした者があるときは、被相続人が相続開始の時において有した財産の価額から共同相続人の協議で定めたその者の寄与分を控除したものを相続財産とみなし、900条から902条までの規定により算定した相続分に寄与分を加えた額をもってその者の相続分とする」と規定しています。

　2018年改正によって「特別の寄与」（現民1050）が新設される前の裁判例にも、相続人でない人を保護したものがあります。例えば、相続人の妻Aが、夫Bの父Cの療養看護に努めた場合について、Cが死亡した場合に、夫Bの寄与分の中で妻Aの寄与を考慮することを認めたものです（東京家審平12・3・8家月52・8・35等）。

　これによると、本ケースで相続人Pの妻Qが特別の寄与をしたのに権利行使期間（現民1050②ただし書）を過ぎてしまったとしても、相続人Pの寄与分として考慮することができます。

参考ケース

　同じ親族関係において法定相続したとき→【012】
　同じ親族関係において相続人でない人の特別の寄与があるとき→【046】

【048】　被相続人（ 甲＝Ｉ ）に非嫡出子2人と嫡出子2人と養子1

　　　　人がいて、そのうち1人が特別の受益をしたとき

　▶キーワード　特別受益

〔親族関係〕

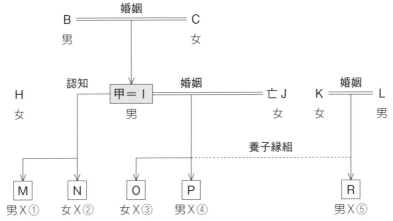

男Ｘ①　　女Ｘ②　　女Ｘ③　　男Ｘ④　　　　　　男Ｘ⑤

〔法定相続人・法定相続分〕

M（非嫡出子）	1/5
N（非嫡出子）	1/5
O（嫡出子）	1/5
P（嫡出子）	1/5
R（養子）	1/5

〈被相続人が2013（平成25）年9月4日以前に死亡した場合〉

M（非嫡出子）	1/8
N（非嫡出子）	1/8
O（嫡出子）	1/4
P（嫡出子）	1/4
R（養子）	1/4

ポイント

　相続人が複数いるとき、その法定相続分は、被相続人との関係で決まります。例えば、父親が死亡し、長女と二女が相続したときは、法定相続分は1/2ずつです（現民900四）。しかし、実際の遺産分割においては、特別の事情があるときは、法定相続分と違う割合で処理をします。例えば、長女が父親から自宅を贈与されていたときに長女の相続分を少なくすること（特別受益）があります。現行民法903条は、1項で「共同相続人中に、被相続人から、遺贈を受け、又は婚姻若しくは養子縁組のため若しくは生計の資本として贈与を受けた者があるときは、被相続人が相続開始の時において有した財産の価額にその贈与の価額を加えたものを相続財産とみなし、900条から902条までの規定により算定した相続分の中からその遺贈又は贈与の価額を控除した残額をもってその者の相続分とする」、2項で「遺贈又は贈与の価額が、相続分の価額に等しく、又はこれを超えるときは、受遺者又は受贈者は、その相続分を受けることができない」と規定しています。

　本ケースにおける非嫡出子Mの法定相続分は2013（平成25）年9月5日以後に開始した相続では1/5ですから、預金5000万円が遺産であるとき、法定相続分によるとMは（ＮＯＰＲと同様に）1000万円を相続できます。しかし、Mが2000万円を遺贈されていたときは、特別受益の額が法定相続分を超えているためMは相続できません。その結果、ＮＯＰＲは各1250万円を相続することになります。

参考ケース

　同じ親族関係において法定相続したとき→【015】
　同じ親族関係において特別受益主張が制限されるとき→【049】

【049】　被相続人（ 甲＝Ｉ ）に非嫡出子2人と嫡出子2人と養子1

　　人がいて、特別受益の持戻しを主張しないまま10年が経過

　　したとき

　▶キーワード　特別受益主張の期間制限

〔親族関係〕

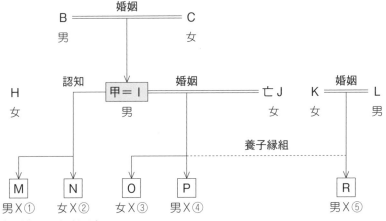

〔相続人・相続分〕

M（非嫡出子）	1/5
N（非嫡出子）	1/5
O（嫡出子）	1/5
P（嫡出子）	1/5
R（養子）	1/5

ポイント

　本ケースにおける非嫡出子Mの法定相続分は2013（平成25）年9月5
日以後に開始した相続では1/5ですから、預金5000万円が遺産である
とき、法定相続分によるとMは（ＮＯＰＲと同様に）1000万円を相続
できます。しかし、共同相続人中に被相続人から遺贈を受けた者があ
るときは、被相続人が相続開始の時において有した財産の価額にその

贈与の価額を加えたものを相続財産とみなして算定した法定相続分の中からその遺贈の価額を控除した残額がその者の相続分とされ（現民903①）、遺贈の価額が相続分の価額を超えるときは、受遺者は、その相続分を受けることができません（現民903②）。そのため、Mが2000万円を遺贈されていたときは、特別受益の額が法定相続分を超えているためMは相続できないことになります。もっとも、Mが被相続人甲＝Ⅰの事業に関する労務の提供等によりⅠの財産の維持又は増額について特別の寄与をしたときは寄与分（現民904の2）が認められる可能性があります。そして、特別受益と寄与分は相続人間の実質的公平を図ることを趣旨とするところ、長期間を経過したときは、証拠不十分等のため判断が難しいときがあります。

そこで、2021年改正（令和3年法律332号）の原則施行日である令和5年4月1日からは「相続開始の時から10年を経過した後にする遺産の分割」について特別受益（現民903・904）と寄与分（現民904の2）の規定を適用しないことが原則になります（2021後現民904の3本文）。これは、解決を先送りにすると登記名義が変更されない（被相続人名義のまま放置される）原因となるためであり、遺産分割を早期に行うことが期待されています。

期間制限の原則には、①相続開始時から10年経過前に相続人が家庭裁判所に遺産の分割の請求をしたとき（2021後現民904の3一）、②10年の期間満了前6か月以内の間にやむを得ない事由が相続人にあったときは、その消滅時から6か月経過前に家庭裁判所に請求したとき（同904の3二）という例外があります。

参考ケース

同じ親族関係において法定相続したとき→【015】

同じ親族関係において特別受益を主張できるとき→【048】

同じ法律関係における経過措置→【090】

【050】 被相続人（ 甲＝R ）に妻と父母2人がいて、妻に配偶者
居住権があるとき

▶キーワード　配偶者居住権

〔親族関係〕

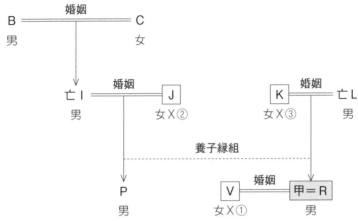

〔法定相続人・法定相続分〕

V　（配偶者）	2/3
J　（養母）	1/6＝1/3×1/2（普通養子） 又は1/3（特別養子）
K　（実母）	1/6＝1/3×1/2（普通養子） 又は0（特別養子）

ポイント

　被相続人の配偶者は、被相続人の財産に属した建物に相続開始の時
に居住していた場合において、①遺産の分割によって配偶者居住権を
取得するものとされたとき、②配偶者居住権が遺贈の目的とされたと
きのいずれかに該当するときは、その居住建物の全部について無償で
使用及び収益する権利（配偶者居住権）を取得するのが原則です（現民
1028①本文）。ここで「無償」とは、使用及び収益の対価を支払わないと

いう意味です。「配偶者が配偶者居住権を取得した場合には、その財産的価値に相当する価額を相続したものと扱う」（法制審議会「民法（相続関係）等の改正に関する要綱」第1の2注1）とされており、配偶者居住権の取得そのものは無償ではありません。

　配偶者居住権がふさわしいと説明されているパターンには、まず、配偶者を含む数人が共同相続し、遺産分割協議をする事案において、自宅の所有権を取得してしまうと、預貯金を取得できないような場合があります。配偶者居住権は、「居住」するだけの権利であり、譲渡が禁止されています（現民1032②）から、評価額は低くなります。仮に遺産として不動産と預貯金1500万円があったとき、本ケースにおいて配偶者Ｖの法定相続分は3分の2ですから、不動産所有権が3000万円であれば不動産を取得すると預貯金はもらえません。このときに、配偶者居住権が2000万円だとすれば、これを選択する（不動産所有権は母ＪＫが取得する）ことによって差額1000万円の預貯金を取得することができます。

　そして、Ｖが配偶者居住権を取得すれば、基本的に「終身の間」建物に居住できますし（現民1030）、居住建物の所有者ＪＫは配偶者居住権の設定登記を備えさせる義務を負い、この登記をすれば配偶者居住権を第三者にも対抗できます（現民1031）。

参考ケース

　同じ親族関係において法定相続したとき→【030】
　同じ親族関係において相続分の指定があるとき→【051】
　同じ法律関係における経過措置→【092】

【051】　被相続人（　甲＝R　）に妻と父母2人がいて、相続分が指定されたとき

▶キーワード　相続分の指定

〔親族関係〕

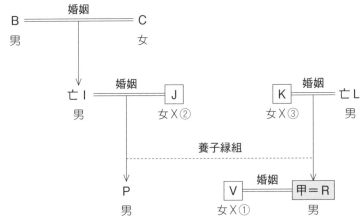

〔法定相続人・法定相続分〕

V（配偶者）	2/3
J（養母）	1/6＝1/3×1/2（普通養子） 又は1/3（特別養子）
K（実母）	1/6＝1/3×1/2（普通養子） 又は0（特別養子）

〈被相続人が1987（昭和62）年12月31日以前に死亡した場合〉

V（配偶者）	2/3
J（養母）	1/6＝1/3×1/2
K（実母）	1/6＝1/3×1/2

〈被相続人が1980（昭和55）年12月31日以前に死亡した場合〉

V（配偶者）	1/2
J（養母）	1/4＝1/2×1/2
K（実母）	1/4＝1/2×1/2

ポイント

　遺言に関する規定について、「民法第5編の第7章遺言および第9章〔筆者注：遺留分〕の外で定められることがすくなくない。たとえば、相続分の指定（902条）、遺産分割方法の指定（908条）はその重要な一例である」（大村2020・301頁）という指摘があります。

　現行民法902条は、1項で「被相続人は、前2条の規定にかかわらず、遺言で、共同相続人の相続分を定め、又はこれを定めることを第三者に委託することができる」、2項で「被相続人が、共同相続人中の1人若しくは数人の相続分のみを定め、又はこれを第三者に定めさせたときは、他の共同相続人の相続分は、前2条の規定により定める」と規定しています。ここに「前2条」とあるのは法定相続分（現民900）と代襲相続人の相続分（現民901）ですから、これと異なる相続分を定める遺言ができることを意味します。

　本ケースにおける養子縁組が普通養子であったとき、1981（昭和56）年1月1日後に相続が開始したときの法定相続分は、配偶者Vが2/3、養母Jは1/6、実母Kも1/6ですが、被相続人甲＝Rは、遺言でこれと異なる相続分を指定する（例えば、配偶者Vが2/3、養母Jは2/9、実母Kは1/9と指定する）ことができます。

　遺留分（現民1042、2018前現民1028）との関係について、2018年改正前の判例（最決平24・1・26家月64・7・100）は、遺留分減殺請求により相続分の指定が減殺された場合、遺留分割合を超える相続分を指定された相続人の指定相続分は、その遺留分割合を超える割合に応じて修正されるとしていました。

参考ケース

　同じ親族関係において法定相続したとき→【030】
　同じ親族関係において配偶者居住権があるとき→【050】

【052】　被相続人（ 甲＝R ）に妻と祖父母2人がいて、遺贈され
　　　たとき

　▶キーワード　遺贈・遺言

〔親族関係〕

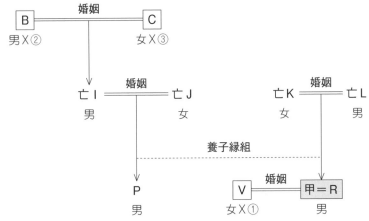

〔法定相続人・法定相続分〕

V（配偶者）	2/3
B（祖父）	1/6＝1/3×1/2
C（祖母）	1/6＝1/3×1/2

〈被相続人が1980（昭和55）年12月31日以前に死亡した場合〉

V（配偶者）	1/2
B（祖父）	1/4＝1/2×1/2
C（祖母）	1/4＝1/2×1/2

ポイント

　人は、単独の意思表示（遺言）をすることにより、例えば生前に自
らに尽くしてくれた者に報いるなど、自分の死後の法律関係を定める
ことができます。また、「遺言によって遺言者の最終意思が明らかに
されることによって遺産分割が必要なくなる場合もあるなど、相続を

めぐる紛争を防止することに資する」（中込61頁）こともあります。

　遺贈とは、「遺言によって、遺産の全部又は一部を無償で、又は負担を付して、他に譲与すること」（高橋和之ほか編『法律学小辞典第5版』有斐閣、2016（平成28）・21頁）であり、個々の財産を対象とするもの（特定遺贈）と、遺産の全部又は割合的部分を対象とするもの（包括遺贈）があります（現民964）。例えば、配偶者Ｖに対して、自宅の所有権や配偶者居住権を遺贈することができます。遺贈による配偶者居住権の取得（現民1028①二）については、例えば、被相続人甲＝Ｒと配偶者Ｖが居住していた建物が、祖父母ＢＣから贈与されたものであるときに、配偶者Ｖには配偶者居住権を取得させて居住権を確保しつつ、自宅建物の所有権については祖父母ＢＣに取得させることができ、財産処分の選択肢になっています。

　現行民法986条は、1項で「受遺者は、遺言者の死亡後、いつでも、遺贈の放棄をすることができる」、2項で「遺贈の放棄は、遺言者の死亡の時にさかのぼってその効力を生ずる」と規定しています。上記の例で、配偶者Ｖが配偶者居住権ではなく所有権の取得を希望するときは、遺贈を放棄し、遺産分割によって解決することも可能です。

参考ケース
　同じ親族関係において法定相続したとき→【036】
　同じ親族関係において遺留分が請求されるとき→【053】

【053】　被相続人（ 甲＝R ）に妻と祖父母2人がいて、遺言があ
り、遺留分を請求するとき

▶キーワード　遺留分の請求

〔親族関係〕

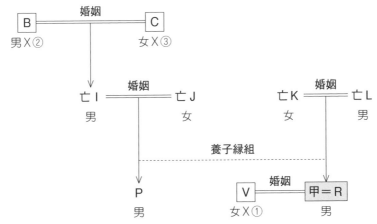

〔法定相続人・法定相続分〕

V （配偶者）	2/3
B （祖父）	1/6＝1/3×1/2
C （祖母）	1/6＝1/3×1/2

〈被相続人が1980（昭和55）年12月31日以前に死亡した場合〉

V （配偶者）	1/2
B （祖父）	1/4＝1/2×1/2
C （祖母）	1/4＝1/2×1/2

ポイント

　遺留分とは、「被相続人の財産の中で、法律上その取得が一定の相続人に留保されていて、被相続人による自由な処分（遺贈・贈与等）に対して制限が加えられている持分的利益」（潮見506頁）です。

　遺留分の請求は、2018年改正によって「減殺」（2018前現民1031）から「遺留分侵害額に相当する金銭の支払」（現民1046①）に変更されました。これは、「単独相続である家督相続制度を中心とした戦前の……規定に最小限度の修正を加えたものであったため、共同相続制度において生ずる問題について十分な配慮がされていないという指摘」（中込172頁）を受けた改正であり、遺留分制度について、明治民法では「家」の財産（家産）維持のために物権的効力を認める必要性が高かったのと異なり、現行民法では遺留分権利者の生活保障や潜在的持分清算等を目的とするため物権的効力までは必要ない（金銭債権を認めることで足りる）という理解に基づいています。

　本ケースの法定相続人は配偶者と直系尊属ですから、遺留分は被相続人の財産の1/2です（現民1042①二、2018前現民1028二）。例えば、本ケースの甲＝Rが妻Vに全ての遺産を相続させる旨の遺言をした場合、祖父母ＢＣは法定相続分（1/6又は1/4）の1/2の限度で遺留分を請求することができます。

参考ケース

　同じ親族関係において法定相続したとき→【036】
　同じ親族関係において遺贈があるとき→【052】

第3章　明治民法による遺産相続
第1　直系卑属が遺産相続人となるケース

【054】　被相続人（ 甲＝Ｉ ）に妻と庶子1人がいるとき

▶キーワード　庶子（非嫡出子）

〔親族関係〕

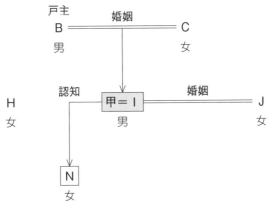

〔相続人・相続分〕

N（庶子）	1

ポイント

　Ｉの子（庶子Ｎ）が相続人となります。明治民法827条は、1項で「嫡出ニ非サル子ハ其父又ハ母ニ於テ之ヲ認知スルコトヲ得」、2項で「父カ認知シタル子ハ之ヲ庶子トス」と規定していました。明治民法における庶子は、現行民法の庶子（嫡出でない子）と基本的に同じです。ただし、明治民法では「家」が基礎にあるという違いがあります。このことは、「親子関係の確立についても、かつては現在とは異なる考え方がとられていた。それは、家に入る者が法的な意味での『子』であ

るという考え方であったと言える。これによれば、妻の産んだ子は当然に『子』となる。それが正しい意味での『子』＝『嫡出子』である。その家の『子』を産む存在が妻であるとも言える。これに対して、妻以外の女性が産んだ子は、入るべき父の家を持たない。……しかし、父の家に入ることが予め、あるいは事後的に認められれば、やはりその家の子となる」（大村2015・308〜309頁）と説明されています。

　遺産相続においては、直系卑属が優先されており、配偶者は直系卑属がいるときは相続しませんでした（明民994・996）。

　遺産相続は、現行民法の相続と同様、被相続人の残した財産を承継するものです。このことは、「被相続人が家族である場合には、もっぱらその者の財産が相続されるが、これは共同（分割）相続による遺産相続の形態がとられた」（大里438頁）と説明されています。

　現行民法との関係について、①「家督相続が廃止されたので、残る遺産相続のルールがすべての相続をカバーすることとなった。……遺産相続とは、戸主以外の者の相続のことであり……、一般にはその遺産は小額にとどまり、重要性が低かった。ところが、このマイナーモードの相続が原則とされることになったわけである。……このルールに3つの修正を加える、すなわち、配偶者は必ず相続人となることとし、兄弟姉妹を相続人に加え、戸主の相続権を否定すれば、現行法のルールが現れることになる」（大村2017a・22頁）、②「遺産相続のルールが一般化された結果として……子どもの均分相続と配偶者の相続権が定められた。おそらくこれは、遺産相続が生活保障のために用いられていたことによるものだろう」（大村2017a・23頁）と指摘されています。

参考ケース

　同じ親族関係において現行相続したとき→【001】
　Ｉの子として嫡出子Ｐもいたとき→【055】

【055】　被相続人（ 甲＝I ）に妻と庶子1人と嫡出子1人がいる
　　　　とき

▶キーワード　嫡出子・「家」

〔親族関係〕

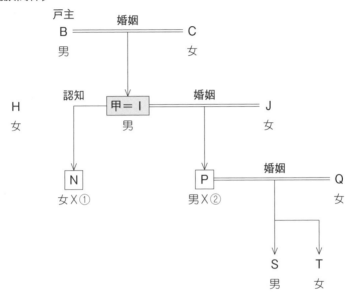

〔相続人・相続分〕

N（庶子）	1/3
P（嫡出子）	2/3

ポイント

　Iの子（庶子N・嫡出子P）が相続人となります。遺産相続では「直
系卑属」が相続人とされていましたが、「親等ノ異ナリタル者ノ間ニ在
リテハ其近キ者ヲ先ニス」（明民994一）とされていたため、子NPが先
になり、孫STは相続しません。

　嫡出子とは、婚姻中の男女の間にできた（懐胎された）子を意味す

ることは現行民法と同じです。ただし、明治民法では「家」が基礎に
あるという違いがあります。明治民法788条1項は「妻ハ婚姻ニ因リテ
夫ノ家ニ入ル」と規定していましたから、戸主A男と婚姻したB女は、
A男の「家」に入りました。また、明治民法733条1項は「子ハ父ノ家
ニ入ル」と規定していましたから、戸主A男と妻B女の間に生まれた
嫡出子CもA男の「家」に入りました。

　遺産相続においては、複数の子はいずれも同順位において遺産相続
人となりました（明民994二）。そして、子が数人あるときの相続分は、
原則として「相均シキモノ」でしたが（明民1004本文）、例外として、「直
系卑属数人アルトキハ嫡出ニ非サル子ノ相続分ハ嫡出子ノ相続分ノ2
分ノ1トス」とされていました（明民1004ただし書）。庶子の相続分が嫡
出子の相続分と異なることは2013年改正前現行民法900条4号と同じで
あり、「古今東西皆同シキ所」（梅1912・117頁）と説明されました。

　遺産相続では、直系卑属が優先されており、配偶者は直系卑属がい
るときは相続しませんでした（明民994・996）。

参考ケース

　同じ親族関係において現行相続したとき→【004】
　Ⅰの子が庶子Nのみであったとき→【054】
　Ⅰの嫡出子Pが先に死亡していたとき→【061】

【056】　被相続人（ 甲＝H ）に夫と準正子1人と継子1人がいる
　　　　とき

　▶キーワード　継子

〔親族関係〕

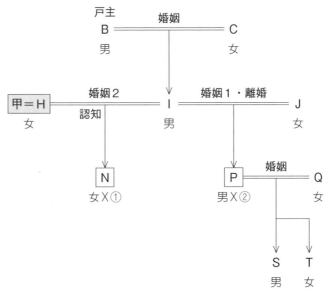

〔相続人・相続分〕

N（準正子）	1/2
P（継子）	1/2

ポイント

　Hの子（準正子N・継子P）が相続人となります。遺産相続では「直
系卑属」が相続人とされていましたが、「親等ノ異ナリタル者ノ間ニ在
リテハ其近キ者ヲ先ニス」（明民994一）とされていたため、子NPが先
になり、孫STは相続しません。

　明治民法は、継父母と継子の間にも親子関係を認めていました。継
子とは、「配偶者の子にして婚姻の当時配偶者の家にありたる者又は

婚姻中にその家に入りたる者」（大里167〜168頁）です。明治民法728条
は、「継父母ト継子……トノ間ニ於テハ親子間ニ於ケルト同一ノ親族
関係ヲ生ス」と規定していました。このことは、①「『養子』の場合と
同様に、これらの場合にも法定血族関係が生ずると定めていたわけで
ある。……夫の先妻の子と後妻がその典型例である」（大村2015・16頁）、
②「継親子関係、日常用語でいうまま親とまま子の関係である。つま
り、子の一方の親が死亡し、生存者が再婚したときに、再婚した相手
と右の子供との関係である」（星野1978・392頁）と説明されています。

　継父母と継子の法定親子関係は常に生ずるわけではなく、「家を同
じくする場合についてだけ生ずる」（大村2015・16頁）と解釈されていま
した。本ケースにおいて、Ｉ男とＪ女の間に子Ｐがいるところ、Ｉ男
は、Ｊ女と離婚して、Ｈ女と再婚しました。「妻ハ婚姻ニ因リテ夫ノ家
ニ入ル」（明民788①）ため、Ｈ女はＩ男と同じ「家」に入ります。この
場合に、先妻Ｊとの子Ｐは、Ｉ男の「家」にある子であり、Ｈ女の継
子として親子関係が認められます。

　遺産相続においては、複数の子はいずれも同順位において遺産相続
人となりました（明民994二）。そして、子が数人あるときの相続分は、
原則として「相均シキモノ」でしたが（明民1004本文）、例外として、「直
系卑属数人アルトキハ嫡出ニ非サル子ノ相続分ハ嫡出子ノ相続分ノ2
分ノ1トス」とされていました（明民1004ただし書）。庶子の相続分が嫡
出子の相続分と異なることは2013年改正前現行民法900条4号と同じで
あり、「古今東西皆同シキ所」（梅1912・117頁）と説明されました。

　遺産相続では、直系卑属が優先されており、配偶者は直系卑属がい
るときは相続しませんでした（明民994・996）。

参考ケース
　同じ親族関係において現行相続したとき→【006】

【057】　被相続人（ 甲＝I ）に妻と庶子1人と嫡出子1人と養子1
　　人がいるとき

▶キーワード　養子

〔親族関係〕

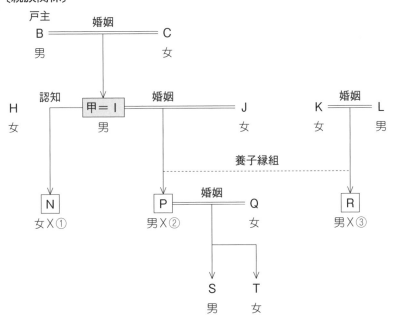

〔相続人・相続分〕

N（庶子）	1/5
P（嫡出子）	2/5
R（養子）	2/5

ポイント

　Iの子（庶子N・嫡出子P・養子R）が相続人となります。

　養子とは、血縁のない2人の人間が、合意によってつくり出す法的な
子（親子関係）のことです。これによって「成立する親子関係が『嫡
出子』のそれであること」（大村2015・208頁）は、明治民法860条も現行

民法809条と同じです。

　ただし、明治民法の養子は「家」と関係していました。このことは、①「家長の地位が1人の息子というステータスをもつものによってつがれなければならないということが前提となっているために、じつの息子がいない場合には、どうしてもそれに代わる男子を確保しなければならなくなる。ここに養子・婿養子制というものが必然的に要求されてくる」(中根120頁)、②「息子のない家長の後継者となる養子は、子供のころ養子としてとる場合よりむしろ婿養子という形式で確保される。これは娘のある場合には娘を生家に残し、その夫を後継者とするという慣習が一般化しているためであろう」(中根131頁) と説明されています。

　遺産相続では「直系卑属」が相続人とされていましたが、「親等ノ異ナリタル者ノ間ニ在リテハ其近キ者ヲ先ニス」(明民994一) とされていたため、子NPRが先になり、孫STは相続しません。

　遺産相続においては、複数の子はいずれも同順位において遺産相続人となりました (明民994二)。そして、子が数人あるときの相続分は、原則として「相均シキモノ」でしたが、例外として、庶子の相続分は、嫡出子の相続分の1/2でした (明民1004)。

　遺産相続では、直系卑属が優先されており、配偶者は直系卑属がいるときは相続しませんでした (明民994・996)。

参考ケース

　同じ親族関係において現行相続したとき→【010】
　Ｉの子として養子Ｒがいなかったとき→【055】
　同じ親族関係においてＪが死亡したとき→【058】
　Ｉの子として庶子Ｍもいたとき→【059】
　Ｉの嫡出子Ｐが先に死亡していたとき→【062】

【058】　被相続人（ 甲＝Ｊ ）に夫と嫡母庶子1人と嫡出子1人と
　　　養子1人がいるとき

▶キーワード　嫡母庶子

〔親族関係〕

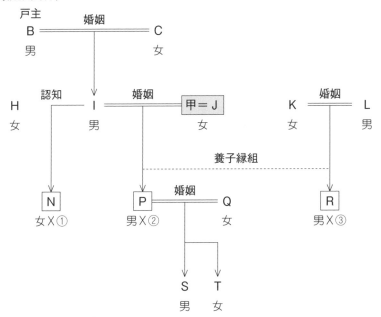

〔相続人・相続分〕

Ｎ（嫡母庶子）	1/3
Ｐ（嫡出子）	1/3
Ｒ（養子）	1/3

ポイント

　Ｊの子（嫡母庶子Ｎ・嫡出子Ｐ・養子Ｒ）が相続人となります。遺
産相続では「直系卑属」が相続人とされていましたが、「親等ノ異ナリ
タル者ノ間ニ在リテハ其近キ者ヲ先ニス」（明民994一）とされていたた

め、子ＮＰＲが先になり、孫ＳＴは相続しません。

　明治民法728条は、「嫡母ト庶子トノ間ニ於テハ親子間ニ於ケルト同一ノ親族関係ヲ生ス」と規定していました。嫡母と庶子の間にも親子関係を認めていました。嫡母とは「庶子の父の妻、すなわち、父の正妻」（大里176頁）であり、庶子とは「父が認知した嫡出でない子」（大里175頁）です。これは、①「夫が婚姻外で作った子供を認知した場合に、その子（いわゆる庶子）と妻との関係である。つまり、かつては、妻は、夫がよそでつくった子との間の親子関係を法律上作られてしまっていたのである」（星野1978・392頁）、②「認知された庶子は、原則として父の家に入る（明民733条）。そのために、父の妻（嫡母）との間に法定親子関係が生ずる」（大村2015・16頁）、③「夫と妻の私生子との間には継親子関係は成立しなかった（嫡母庶子に準ずる関係も成立しなかった）」（末光2019・64頁）と説明されています。

　遺産相続においては、複数の子はいずれも同順位において遺産相続人となりました（明民994二）。そして、子が数人あるときの相続分は、原則として「相均シキモノ」でした（明民1004本文）。

　遺産相続では、直系卑属が優先されており、配偶者は直系卑属がいるときは相続しませんでした（明民994・996）。

|参考ケース|

　同じ親族関係において現行相続したとき→【011】

　同じ親族関係においてＩが死亡したとき→【057】

【059】　被相続人（ 甲＝Ⅰ ）に妻と庶子2人と嫡出子1人と養子1
　　人がいるとき

〔親族関係〕

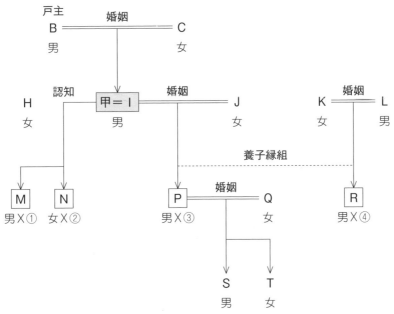

〔相続人・相続分〕

M（庶子）	1/6
N（庶子）	1/6
P（嫡出子）	1/3
R（養子）	1/3

ポイント

　Ⅰの子（庶子MN・嫡出子P・養子R）が相続人となります。遺産相続では「直系卑属」が相続人とされていましたが、「親等ノ異ナリタル者ノ間ニ在リテハ其近キ者ヲ先ニス」（明民994一）とされていたため、子MNPRが先になり、孫STは相続しません。

　遺産相続においては、複数の子はいずれも同順位において遺産相続人となりました（明民994二）。そして、子が数人あるときの相続分は、原則として「相均シキモノ」でしたが、例外として、庶子の相続分は、嫡出子の相続分の1/2でした（明民1004）。

　遺産相続では、直系卑属が優先されており、配偶者は直系卑属がいるときは相続しませんでした（明民994・996）。

参考ケース

　同じ親族関係において現行相続したとき→【014】
　Iの子として庶子Mがいなかったとき→【057】
　Iの子として嫡出子Oもいたとき→【060】
　Iの嫡出子Pが先に死亡していたとき→【063】

コラム4	遺留分制度の見直し

　遺留分制度は、2018年改正において、全面的に見直されました。その最大の変更点は、物権的効力が否定され、金銭債権に一本化されたことです（現民1046①）（【053】参照）。これは、「家督相続制度の下においては、遺留分制度は『家』の財産（家産）の維持を目的とする制度であったため、その目的を達成するためには物権的効力を認める必要性が高かった」（中込2019・172頁）のに対して、現行民法における目的は、遺留分権利者の生活保障や、遺産の形成に貢献した遺留分権利者の潜在的持分の清算等にあるため、物権的効力を認めることまでは必要ない（遺留分侵害額に相当する価値を返還させることで十分である）ことによります。筆者は、「遺留分制度は、遺言の内容を一部無効にする効力を有するものであるから、遺言をしようとする人のためにも、遺留分制度は、分かりやすい制度である必要がある。この見地からしても、金銭債権に一本化されたことは意義がある」（中込2019・173頁）と考えています。

【060】　被相続人（　甲＝Ｉ　）に妻と庶子2人と嫡出子2人と養子1
　　　人がいるとき

〔親族関係〕

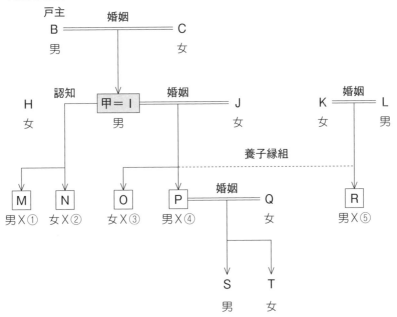

〔相続人・相続分〕

M（庶子）	1/8
N（庶子）	1/8
O（嫡出子）	1/4
P（嫡出子）	1/4
R（養子）	1/4

┌──────┐
│ ポイント │
└──────┘

　Ｉの子（庶子・ＭＮ・嫡出子ＯＰ・養子Ｒ）が相続人となります。遺
産相続では「直系卑属」が相続人とされていましたが、「親等ノ異ナリ
タル者ノ間ニ在リテハ其近キ者ヲ先ニス」（明民994一）とされていたた

め、子ＭＮＯＰＲが先になり、孫ＳＴは相続しません。

　遺産相続においては、複数の子はいずれも同順位において遺産相続人となりました（明民994二）。そして、子が数人あるときの相続分は、原則として「相均シキモノ」でしたが、例外として、庶子の相続分は、嫡出子の相続分の1/2でした（明民1004）。

　遺産相続では、直系卑属が優先されており、配偶者は直系卑属がいるときは相続しませんでした（明民994・996）。

参考ケース

　同じ親族関係において現行相続したとき→【016】
　Ｉの子として嫡出子Ｏがいなかったとき→【059】

コラム5　死亡交通事故と相続放棄

　「配偶者」（現民890）（【001】参照）として法定相続となるのは婚姻届を提出していた者（法律婚の配偶者）ですから、法律婚の夫が死亡したとき、法律婚の妻は、損害賠償請求権（自動車損害賠償保障法3）を相続することができます。それでは、法律婚の妻が相続の放棄（現民939）（【041】参照）をしたときは、どうなるのでしょうか。最判平12・9・7集民199・477は、「不法行為によって死亡した者の配偶者及び子が……扶養を受けていた場合に……配偶者等は、相続放棄をしたときであっても、加害者に対し、扶養利益の喪失による損害賠償を請求することができる」としつつ、その扶養利益喪失による損害額は「相続により取得すべき死亡者の逸失利益の額」と当然に同じ額となるものではないと判示しました。ここでは、扶養利益喪失による損害額算定の具体的事情（考慮要素）として、①扶養者の生前の収入、②扶養者の生前の収入のうち被扶養者の生計の維持に充てるべき部分、③被扶養者各人につき扶養利益として認められるべき比率割合、④扶養を要する状態が存続する期間が例示されました。

【061】　被相続人（ 甲＝Ｉ ）に妻と庶子1人と嫡出孫2人がいるとき

〔親族関係〕

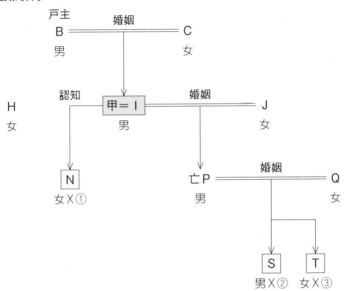

〔相続人・相続分〕

Ｎ（庶子）	1/3
Ｓ（嫡出孫）	1/3＝2/3×1/2
Ｔ（嫡出孫）	1/3＝2/3×1/2

ポイント

子と孫が相続人となります（明民994・995）。

嫡出子ＰがＩよりも先に死亡したため、その子（被相続人Ｉの孫）ＳＴが代襲相続します。明治民法994条は「被相続人ノ直系卑属ハ左ノ規定ニ従ヒ相続人ト為ル」として、①「親等ノ異ナリタル者ノ間ニ在リテハ其近キ者ヲ先ニス」、②「親等ノ同シキ者ハ同順位ニ於テ遺産

相続人ト為ル」を列挙し、同法995条1項は「前条ノ規定ニ依リテ遺産
相続人タルヘキ者カ相続ノ開始前ニ死亡シ又ハ其相続権ヲ失ヒタル場
合ニ於テ其者ニ直系卑属アルトキハ其直系卑属ハ前条ノ規定ニ従ヒ其
者ト同順位ニ於テ遺産相続人ト為ル」と規定していました。これは、
数人の子がある場合において「其一人カ死亡シ又ハ相続権ヲ失ヒタル
場合」に「若シ其者ニ子アレハ其子カ父ニ代ハリテ相続ヲ為スヘキコ
ト」(梅1913・98頁) を意味します。例えば、ＡＢ2人の子があり、父が戸
主、母が家族であったときに、母（被相続人）より先にＡが死亡して
も、ＡにＣという子（被相続人の孫）がいればＡをＣが代襲すること
が認められて、ＢとＣが被相続人の財産を遺産相続することができま
した。代襲者は、相続権を失った者（被代襲者）に代わって、同一順
位で相続人となり、相続権を失った者の相続分を承継しますから、嫡
出孫ＳＴは、被代襲者（嫡出子）Ｐの相続分を1/2ずつ承継します。

　子が数人あるときの相続分は、原則として「相均シキモノ」でした
が、例外として、庶子の相続分は、嫡出子の相続分の1/2でした (明民
1004)。

　遺産相続では、直系卑属が優先されており、配偶者は直系卑属がい
るときは相続しませんでした (明民994・996)。

参考ケース

　同じ親族関係において現行相続したとき→【018】
　嫡出子Ｐが生存していたとき→【055】

【062】　被相続人（ 甲＝ Ｉ ）に妻と庶子1人と養子1人と嫡出孫2
　　人がいるとき

〔親族関係〕

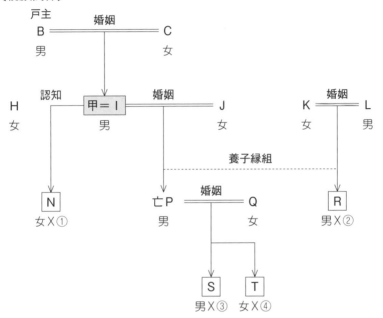

〔相続人・相続分〕

N （庶子）	1/5
R （養子）	2/5
S （嫡出孫）	1/5＝2/5×1/2
T （嫡出孫）	1/5＝2/5×1/2

ポイント

　子と孫が相続人となります（明民994・995）。

　嫡出子Ｐが先に死亡したため、その子（被相続人Ｉの孫）ＳＴが代
襲相続しました（明民995①）。代襲者は、相続権を失った者（被代襲者）
に代わって、同一順位で相続人となり、相続権を失った者の相続分を

承継しますから、嫡出孫ＳＴは、被代襲者（嫡出子）Ｐの相続分を1/2ずつ承継します。

　子が数人あるときの相続分は、原則として「相均シキモノ」でしたが、例外として、庶子の相続分は、嫡出子の相続分の1/2でした（明民1004）。

　遺産相続では、直系卑属が優先されており、配偶者は直系卑属がいるときは相続しませんでした（明民994・996）。

| 参考ケース |

　同じ親族関係において現行相続したとき→【020】
　嫡出子Ｐが生存していたとき→【057】

| コラム6 |　死亡交通事故と内縁配偶者

　「配偶者」（現民890）（【001】参照）には、夫婦としての共同生活の実体はあるものの婚姻届を提出していない者（内縁配偶者）は含まれませんから、内縁の夫が死亡したとき、内縁の妻は、損害賠償請求権（自動車損害賠償保障法3）を相続することはできません。しかし、最判平5・4・6民集47・6・4505は、①「内縁の配偶者が他方の配偶者の扶養を受けている場合において、その他方の配偶者が保有者の自動車の運行によって死亡したときは、内縁の配偶者は、自己が他方の配偶者から受けることができた将来の扶養利益の喪失を損害として、保有者に対してその損害賠償を請求することができる」、②「被害者の逸失利益は同人が死亡しなかったとすれば得べかりし利益であるところ、死亡被害者の内縁の配偶者の扶養に要する費用は右利益から支出されるものであるから、死亡被害者の内縁の配偶者の将来の扶養利益の喪失に相当する額として既に支払われた前記てん補額は、死亡被害者の逸失利益からこれを控除するのが相当である」と判示しました。

【063】　被相続人（ 甲＝Ｉ ）に妻と庶子2人と養子1人と嫡出孫2
　　人がいるとき

〔親族関係〕

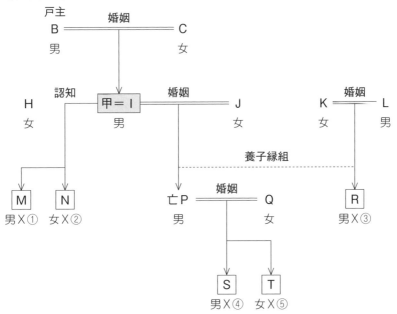

〔相続人・相続分〕

M（庶子）	1/6
N（庶子）	1/6
R（養子）	1/3
S（嫡出孫）	1/6＝1/3×1/2
T（嫡出孫）	1/6＝1/3×1/2

ポイント

　子と孫が相続人となります（明民994・995）。

　嫡出子Pが先に死亡したため、その子（被相続人Ｉの孫）ＳＴが代襲相続しました（明民995①）。代襲者は、相続権を失った者（被代襲者）に代わって、同一順位で相続人となり、相続権を失った者の相続分を承継しますから、嫡出孫ＳＴは、被代襲者（嫡出子）Ｐの相続分を1/2ずつ承継します。

　子が数人あるときの相続分は、原則として「相均シキモノ」でしたが、例外として、庶子の相続分は、嫡出子の相続分の1/2でした（明民1004）。

　遺産相続では、直系卑属が優先されており、配偶者は直系卑属がいるときは相続しませんでした（明民994・996）。

参考ケース

　同じ親族関係において現行相続したとき→【022】
　嫡出子Ｐが生存していたとき→【059】
　嫡出子ＰがＩを相続した後に死亡したとき→【064】

【064】　1次被相続人（ 甲＝I ）に妻と庶子2人と嫡出子1人と養
　　　　子1人がいて、2次被相続人（ 乙＝P ）に妻と嫡出子2人が
　　　　いるとき

▶キーワード　数次相続

〔親族関係〕

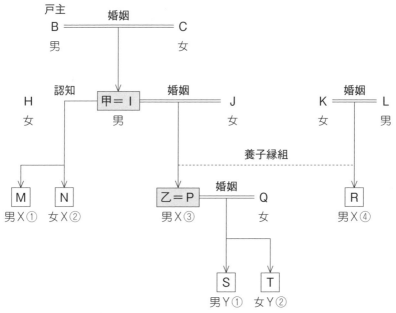

〔相続人・相続分〕

M（庶子）	1/6
N（庶子）	1/6
R（養子）	1/3
S（嫡出P子）	1/6＝1/3×1/2
T（嫡出P子）	1/6＝1/3×1/2

ポイント

　数次相続とは、ある人（甲。1次被相続人）の相続開始後、その遺産分割が終了する前に、その相続人（乙。2次被相続人）の相続も開始した状況です。本ケースでは、甲（1次被相続人）Ｉが死亡して子ＭＮＰＲが共同相続人として遺産分割について協議している間にＰも死亡したため、現行民法であれば、乙（2次被相続人）Ｐの妻Ｑも子ＳＴとともに相続人となります。しかし、現行民法と異なり、明治民法の遺産相続では配偶者は直系卑属に劣後するため、数次相続でもＰの配偶者Ｑは相続しません。

　子が数人あるときの相続分は、原則として「相均シキモノ」でしたが、例外として、庶子の相続分は、嫡出子の相続分の1/2でした（明民1004）。

　遺産相続では、直系卑属が優先されており、配偶者は直系卑属がいるときは相続しませんでした（明民994・996）。

参考ケース

　同じ親族関係において現行相続したとき→【024】
　嫡出子ＰがＩより先に死亡していたとき→【063】

【065】　被相続人（ 甲＝Ｉ ）に配偶者と庶子1人と嫡出孫1人と
　　　嫡出曾孫1人がいるとき

〔親族関係〕

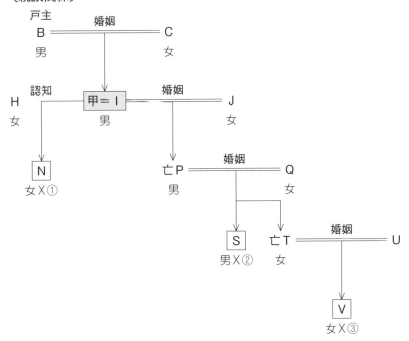

〔相続人・相続分〕

N（庶子）	1/3
S（嫡出孫）	1/3 = 2/3×1/2
V（嫡出曾孫）	1/3 = 2/3×1/2

ポイント

　子・孫・曾孫が相続人となります（明民994・995）。

　嫡出子Ｐが先に死亡したため、その子（被相続人Ｉの孫）Ｓが代襲
相続します（明民995①）。また、嫡出子Ｐの子（被相続人Ｉの孫）Ｔは、
被相続人Ｉより先に死亡したことにより、Ｔの子（被相続人Ｉの曾孫・

嫡出子Pの孫）Vが代襲相続します。これは、明治民法995条1項が「前条ノ規定ニ依リテ遺産相続人タルヘキ者カ相続ノ開始前ニ死亡シ」と規定し、明治民法994条が「被相続人ノ直系卑属ハ左ノ規定ニ従ヒ遺産相続人ト為ル」として、(1)「親等ノ異ナリタル者ノ間ニ在リテハ其近キ者ヲ先ニス」、(2)「親等ノ同シキ者ハ同順位ニ於テ遺産相続人ト為ル」を列挙していたためです。

　子が数人あるときの相続分は、原則として「相均シキモノ」でしたが、例外として、庶子の相続分は、嫡出子の相続分の1/2でした（明民1004）。

　遺産相続では、直系卑属が優先されており、配偶者は直系卑属がいるときは相続しませんでした（明民994・996）。

［参考ケース］

　同じ親族関係において現行相続したとき→【026】

　嫡出子PがIを相続した後に死亡したとき→【066】

【066】　1次被相続人（ 甲＝I ）に妻と庶子1人と嫡出子1人がい
　　　　て、2次被相続人（ 乙＝P ）に妻と嫡出子1人と嫡出孫1人
　　　　がいるとき

▶キーワード　数次相続

〔親族関係〕

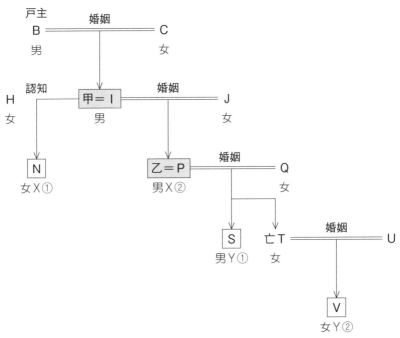

〔相続人・相続分〕

N（庶子）	1/3
S（嫡出P子）	1/3＝2/3×1/2
V（嫡出P孫）	1/3＝2/3×1/2

ポイント

　数次相続とは、ある人（甲。1次被相続人）の相続開始後、その遺産分割が終了する前に、その相続人（乙。2次被相続人）の相続も開始した状況です。本ケースでは、甲（1次被相続人）Ⅰが死亡して遺産分割成立前にＰも死亡したため、現行民法であれば、乙（2次被相続人）Ｐの妻Ｑも子Ｓ・孫Ｖ（嫡出子Ｔの子）とともに相続人となります。しかし、現行民法と異なり、明治民法の遺産相続では配偶者は直系卑属に劣後するため、数次相続でもＰの配偶者Ｑは相続しません。

　子が数人あるときの相続分は、原則として「相均シキモノ」でしたが、例外として、庶子の相続分は、嫡出子の相続分の1/2でした（明民1004）。ＳＴはいずれも嫡出子であり、ＶはＴの嫡出子ですから、ＳとＶの相続分は「相均シキモノ」でした。

　遺産相続では、直系卑属が優先されており、配偶者は直系卑属がいるときは相続しませんでした（明民994・996）。

参考ケース

　同じ親族関係において現行相続したとき→【028】
　嫡出子ＰがⅠより先に死亡していたとき→【065】

第2　配偶者が遺産相続人となるケース

【067】　被相続人（　甲＝R　）に妻と父母3人がいるとき

〔親族関係〕

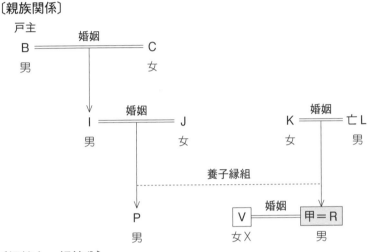

〔相続人・相続分〕

V （配偶者）	1

ポイント

　遺産相続では、直系卑属の次に配偶者が優先されていました（明民994・996）。そのため、配偶者Vがいるときは、直系尊属は相続しませんでした。

　明治民法996条1項1号は、「前2条ノ規定ニ依リテ遺産相続人タルヘキ者ナキ場合ニ於テ遺産相続ヲ為スヘキ者」の第1順位として「配偶者」を規定していました。これは、「前2条ノ規定ニ依リテ遺産相続人タルヘキ者ナキ場合」すなわち直系卑属（及びその代襲相続人）がない場合に、配偶者が遺産相続人になるという意味です。現行民法との相違としては、直系卑属がいるときは配偶者が相続しなかったことが重要

です。「直系卑属の方が相続順位が上であったので、配偶者は直系卑属がいない場合に限って相続人となった」（大村2014a・51頁）と説明されています。

参考ケース

同じ親族関係において現行相続したとき→【032】
配偶者Ｖが先に死亡していたとき→【068】

コラム7　遺産分割手続と共有物分割手続

　特別受益主張の期間制限（2021後現民904の3柱書）（【049】参照）は、「遺産の分割」と規定しています。2021年改正後現行民法258条の2第1項は「共有物の全部又はその持分が相続財産に属する場合において、共同相続人間で当該共有物の全部又はその持分について遺産の分割をすべきときは、当該共有物又はその持分について前条の規定〔筆者注：改正民法258条〕による分割〔筆者注：裁判による共有物の分割〕をすることができない」と規定しており、遺産共有関係の解消は、共有物分割手続ではなく、遺産分割手続によるのが原則です。これに対する例外について、2021年改正後現行民法258条の2第2項は、「共有物の持分が相続財産に属する場合において、相続開始の時から10年を経過したときは、前項の規定にかかわらず、相続財産に属する共有物の持分について前条の規定による分割をすることができる。ただし、当該共有物の持分について遺産の分割の請求があった場合において、相続人が当該共有物の持分について同条の規定による分割をすることに異議の申出をしたときは、この限りでない」と規定しています。これは、異議の申出を2021年改正後現行民法258条の2第3項の「期間内にすれば例外は認められない（遺産分割手続によるという原則による）こと」（中込2022・140頁）を意味します。

第3　直系尊属が遺産相続人となるケース

【068】　被相続人（ 甲＝R ）に父母4人がいるとき

▶キーワード　父母

〔親族関係〕

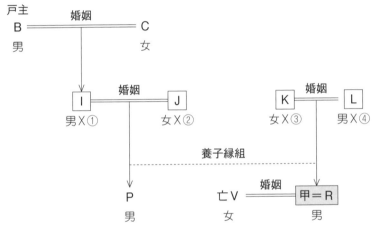

〔相続人・相続分〕

I （養父）	1/4
J （養母）	1/4
K （実母）	1/4
L （実父）	1/4

ポイント

　遺産相続では、直系卑属の次に配偶者が優先されていました。明治民法996条1項2号は、「前2条ノ規定ニ依リテ遺産相続人タルヘキ者ナキ場合ニ於テ遺産相続ヲ為スヘキ者」の第2順位として「直系尊属」を規定していたのです。これは、「前2条ノ規定ニ依リテ遺産相続人タルヘキ者ナキ場合」すなわち直系卑属（及びその代襲相続人）がなく、

かつ、配偶者もいないときに、直系尊属が遺産相続人になるという意味です。直系卑属や配偶者より劣後する理由は、直系尊属が相続するのは「自然ニ逆行スルモノ」（梅1913・101頁）であるため、直系卑属・配偶者という自然の愛情あるべき者が皆いないとき又はこれらの者が相続しないときにのみ相続権を認めることが適当であると説明されました。

　配偶者Ｖが先に死亡していたときは、直系尊属が相続人になります。

　そして、明治民法996条2項は、「前項2号ノ場合ニ於テハ994条ノ規定ヲ準用ス」と規定していました。明治民法994条は、「被相続人ノ直系卑属ハ左ノ規定ニ従ヒ遺産相続人ト為ル」として、(1)「親等ノ異ナリタル者ノ間ニ在リテハ其近キ者ヲ先ニス」、(2)「親等ノ同シキ者ハ同順位ニ於テ遺産相続人ト為ル」を列挙していました。親等の近い者を先にするため、祖父母ＢＣは相続しません。そして、養父母ＩＪと実父母ＫＬは、同順位で相続人となりました。

　明治民法1004条本文は「同順位ノ相続人数人アルトキハ其各自ノ相続分ハ相均シキモノトス」と規定していたため、養父母ＩＪと実父母ＫＬの相続分は同じでした。

参考ケース

　同じ親族関係において現行相続したとき→【033】
　配偶者Ｖが生存していたとき→【067】
　父母ＩＪＫＬが先に死亡していたとき→【069】

【069】　被相続人（ 甲＝R ）に祖父母2人がいるとき

▶キーワード　祖父母

〔親族関係〕

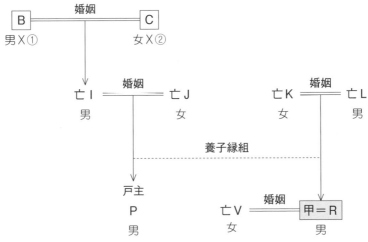

〔相続人・相続分〕

B （祖父）	1/2
C （祖母）	1/2

ポイント

　明治民法996条1項2号は、「前2条ノ規定ニ依リテ遺産相続人タルヘキ者ナキ場合ニ於テ遺産相続ヲ為スヘキ者」の第2順位として「直系尊属」を規定していました。これは、「前2条ノ規定ニ依リテ遺産相続人タルヘキ者ナキ場合」すなわち直系卑属（及びその代襲相続人）がなく、かつ、配偶者（明民996①一）もいないときに、直系尊属が遺産相続人になるという意味です。現行民法との相違としては、配偶者がいるときは直系尊属が相続しなかったことが重要です。

　そして、明治民法996条2項は、「前項2号ノ場合ニ於テハ994条ノ規定

ヲ準用ス」と規定していました。明治民法994条は、「被相続人ノ直系卑属ハ左ノ規定ニ従ヒ遺産相続人ト為ル」として、(1)「親等ノ異ナリタル者ノ間ニ在リテハ其近キ者ヲ先ニス」、(2)「親等ノ同シキ者ハ同順位ニ於テ遺産相続人ト為ル」を列挙していました。親等の近い者である実父母・養父母がいずれも先に死亡したため、祖父母ＢＣが同順位で相続人となりました。

　明治民法1004条本文は「同順位ノ相続人数人アルトキハ其各自ノ相続分ハ相均シキモノトス」と規定していたため、祖父母ＢＣの相続分は同じでした。

参考ケース

　同じ親族関係において現行相続したとき→【035】
　父母ＩＪＫＬが生存していたとき→【068】
　祖父母ＢＣが先に死亡したとき→【070】

コラム8　配偶者短期居住権と内縁配偶者

　配偶者居住権（現民1028）（【050】参照）と類似するけれど異なるものとして、配偶者短期居住権（現民1037）があります。配偶者短期居住権は、「使用借権類似の法定の債権」（中込2019・136頁）と位置付けられています。これも2018年改正において相続に伴う効力として新設されたものですから、その主体である「配偶者」には、夫婦としての共同生活の実体はあるものの婚姻届を提出していない者（内縁配偶者）は含まれず、相続権を有する配偶者（法律婚の配偶者）に限られます。もっとも、法律婚の配偶者である限りは「配偶者」（現民1037①）に該当すると解釈すべきか否かは別の問題であり、筆者は、「完全に婚姻関係が破綻している場合にまで、配偶者短期居住権の取得という保護を与える必要があるのかという問題意識はあり得るところであり、解釈の余地は残っている」（中込2019・137頁）と考えています。

第4　戸主が遺産相続人となるケース

【070】　被相続人（ 甲＝R ）に戸主（兄）がいるとき

▶キーワード　戸主・兄弟姉妹

〔親族関係〕

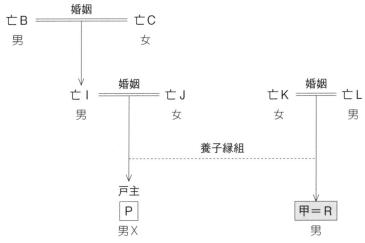

〔相続人・相続分〕

P（戸主）	1

ポイント

　遺産相続では、直系卑属も配偶者も直系尊属もいないときに、戸主が相続人になりました（明民994・996）。

　明治民法996条1項は、「前2条ノ規定ニ依リテ遺産相続人タルヘキ者ナキ場合ニ於テ遺産相続ヲ為スヘキ者ノ順位左ノ如シ」として、(1)「配偶者」、(2)「直系尊属」、(3)「戸主」を列挙していました。そして、同条2項は、「前項2号ノ場合ニ於テハ994条ノ規定ヲ準用ス」と規定していました。

　戸主は、家族に対して一定の権利義務を有する存在であり、戸主と家族は1つの団体（「家」）を構成します。

　戸主が遺産相続人となるのは、直系卑属（及びその代襲相続人）も配偶者も直系尊属もいない場合です。この場合に戸主が遺産相続人となる理由は、①戸主が家族に対して負っていた扶養の義務に報いることとともに、②「家産ヲ増加シ以テ家運ノ隆盛ヲ助ケシメン」（梅1913・102頁）にあると説明されました。上記①は生活保障的相続観すなわち「後に残される無収入の戸主の生活を保障するためのもの」とは違うものの、扶養と関係するという共通点があります。また、遺産相続は家族の財産（「家」の財産ではない）を対象とするため、上記②は家産的相続観すなわち「家産は家の承継者に承継されるべきであるという考え方」（大村2003・221頁）とは違うものの、「家産」や「家運」を重視するという共通点があります。

参考ケース
　祖父母ＢＣが生存していたとき→【069】

第4章　明治民法による家督相続
第1　直系卑属が法定家督相続人となるケース

【071】　被相続人（ 甲＝Ｉ ）が隠居し、妻と嫡出子1人と孫2人が
　　　　いるとき

　▶キーワード　隠居

〔親族関係〕

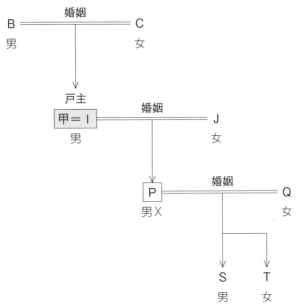

〔相続人・相続分〕

P（嫡出子）	1

ポイント

　明治民法964条は、「家督相続ハ左ノ事由ニ因リテ開始ス」として、
(1)「戸主ノ死亡、隠居又ハ国籍喪失」、(2)「戸主カ婚姻又ハ養子縁組
ノ取消ニ因リテ其家ヲ去リタルトキ」、(3)「女戸主ノ入夫婚姻又ハ入

夫ノ離婚」を列挙していました。

　家督相続の開始原因は、戸主が欠けた場合です。戸主が死亡したときに限られません。このことは、「家督相続トハ戸主権ノ相続ニシテ戸主ノ缺ケタル場合ニ開始スヘキモノ」（梅1913・3頁）と説明されました。戸主は「家」の中心人物であり、それが欠けたままにしておくわけにはいかなかったためです。この点については、「家督相続は、家の制度の断絶することを防止し、これを維持発展させるために認められた制度であって、戸主の死亡のほか、隠居、入夫婚姻、国籍喪失等によって戸主権を喪失した場合も相続の開始原因とされていた」（大里436頁）と説明されています。

　隠居とは、①「戸主が、生前に戸主の地位を退いて、その家の戸主の地位を、次代の戸主に引き継がせる法律行為（身分行為）」（末光2017・22〜23頁）、②「戸主が自ら生前に戸主の地位を退き戸主権を相続人に承継させ、その家の家族となる法律行為」（大里89頁）です。

　隠居をするためには、原則として、隠居しようとする戸主が満60歳に達し、かつ、完全の能力を有する家督相続人が相続の単純承認をすることが必要とされていました（明民752）。しかし、これらの要件を満たさない場合でも、戸主が、疾病、本家の相続又は再興その他やむを得ない事由によって事後、家政を執ることができなくなったときは、裁判所の許可を得て、隠居することができ、法定の推定家督相続人がないときは、あらかじめ家督相続人となるべき者を定めて、その承認を得ることが必要とされました（明民753）。

　本ケースにおいて、戸主Ｉが満60歳に達しており、完全の能力を有するＰが相続の単純承認をするときは、Ｉは隠居することができ、これによりＰが家督相続人となりました。

参考ケース

　同じ親族関係で戸主が死亡したとき→【072】

第4章

【072】　被相続人（ 甲＝I ）に妻と嫡出子1人と孫2人がいると
き

▶キーワード　法定家督順位①（親等の近い者を優先）

〔親族関係〕

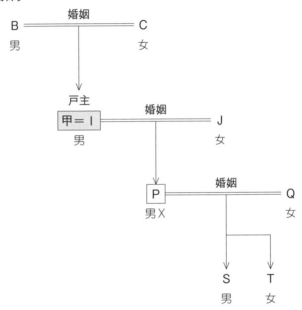

〔相続人・相続分〕

P（嫡出子）	1

ポイント

　家督相続は、必ず単独相続です。このことは、①「『家』とは、『家
督相続』によって引き継がれてゆく『戸主権』を持つ『戸主』によっ
て統率される家族集団、とでもいってよい。……すべての国民は、か
ならずある『家』に属するものとなっている。その資格は、家長であ
る『戸主』であるか、それ以外の家族員であるかである」（星野1972・459
頁）、②「多くの人が一緒に生活する家という制度、共同生活の単位と

して存続する家という制度、その中心点を民法では戸主という名前で示しております。その戸主の代がわりを通じて、先祖のお祭りを嗣ぐということを家督相続といっている訳であります。かように、家と、戸主と、家督相続という3つの制度は、一体不可分でありまして、これを一切合切して家族制度という1つの制度と考えている。最初にこれを頭の中に入れて考えますと、全部が解けて参ります。全体の大きな団体の統率者、指導者は、代がわりに際してただ1人で相続するのが当然でありますから、相続人は長男子1人ということもまた当然であります。これで男子優先、息子と娘とは不平等な取扱いを受けることは説明がつきました。もう1つ進んでいえば、男の兄弟同士でも、長男に相続権がある。長男は全財産を嗣ぐけれども次男以下は一文も貰えない。……これの中には、男、その中でも兄でなくては統率することができないという考えも含まれているのであります。」（我妻1971・137頁）と説明されました。

　順位①（親等の近い者を優先）について、明治民法970条1項1号は、「親等ノ異ナリタル者ノ間ニ在リテハ其近キ者ヲ先ニス」と規定していました。これは、子は孫より先に相続し、孫は曾孫より先に相続するという意味です。「古来各国ノ法律大抵認ムル所……我邦ノ慣習ニ於テモ同シキ所」（梅1913・28頁）と説明されました。ただし、明治民法974条（代襲相続）があったことに注意が必要です。例えば、被相続人（戸主）に「家族タル直系卑属」（明民970）として子が5人・孫が1人あったとき、順位①により孫は劣後し、子5人について順位②（男を優先）を検討します。

　本ケースでは、戸主Ⅰに子が1人・孫が2人あるところ、順位①により孫STは劣後し、子Pが家督相続人となりました。

参考ケース

　同じ親族関係で戸主が隠居したとき→【071】

　嫡出子がPの他にOもいたとき→【073】

【073】　被相続人（ 甲＝Ⅰ ）に妻と嫡出子2人と孫2人がいると
　　　き

▶キーワード　法定家督順位②（男を優先）

〔親族関係〕

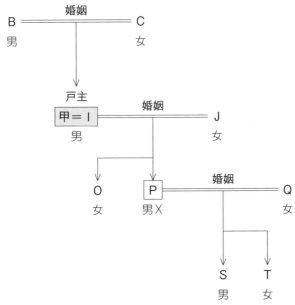

〔相続人・相続分〕

P（嫡出子）	1

　ポイント

　順位②（男を優先）について、明治民法970条1項2号は、「親等ノ同
シキ者ノ間ニ在リテハ男ヲ先ニス」と規定していました。これは慣習
によるものであり、明治維新後になって女にも相続権を認めたものの、
男を優先していました。明治民法970条1項2号の「男」は「嫡出子また
は庶子たる男」（小石18頁）という意味であり、「庶子男の相続権を嫡出

女子に優先せしめた規定」(小石18頁) と説明されています。これは、女戸主の私生子について特則があったためです (明民970①四)。男を優先した理由は、「家長(父親)の仕事にもっとも通じている息子が第1候補」(中根115頁) と説明されています。順位②によって男が優先されることは、庶子である場合に及びます。このことは、①「明治民法は、一夫一婦制と法律婚主義を徹底し、そのため、妾は法的保護の対象外とされた」(村上2003・152頁)、②「条約改正を睨んで、対外的な観点から一夫一婦制が採用されたのであって、事実上の妾を黙認した、形式だけの一夫一妻制でしかなかった」(村上2020・68頁)、③「妾をおくことがとがめられなかっただけでなく、妾腹の男子(庶男子)は本妻の女子(嫡出女子)に優先して家督を相続した」(我妻1974・320頁) と説明されています。例えば、被相続人(戸主)に「家族タル直系卑属」(明民970) である子のうちに男が4人・女が1人あったとき、順位②により女は劣後し、男4人について順位③ (嫡出子を優先) を検討します。

　本ケースでは、戸主Iに子が2人・孫が2人あるところ、順位① (親等の近い者を優先) により孫STは劣後しました。そして、子OPについては、順位② (男を優先) により女Oは劣後し、男Pが家督相続人となりました。

参考ケース

　嫡出子がP1人だったとき→【072】

　庶子Mもいたとき→【074】

　嫡出子Pが先に死亡したとき→【083】

　同じ法律関係における経過措置→【099】

【074】　被相続人（ 甲＝Ｉ ）に妻と庶子1人と嫡出子2人と孫2人
　　がいるとき

▶キーワード　法定家督順位③（嫡出子を優先）

〔親族関係〕

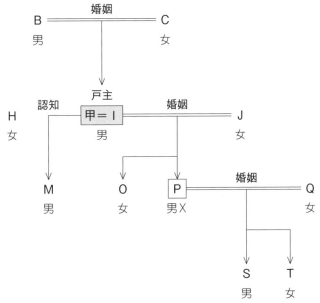

〔相続人・相続分〕

P（嫡出子）	1

ポイント

　実親子関係については、「実際に血のつながりのある、いわば生理的
な親子である。これは講学上実親子関係と呼ばれている。それもさら
に2つに分かれる。1つが嫡出親子関係であり、婚姻から生まれた子と
親との関係として法律の認めたものである。2は、非嫡出親子関係で
あって、婚姻外でできた子（婚外子と呼んでおく）と親との関係のう
ち法律が親子と認めたものである。この子をかつて民法は『私生子』

と呼んでおり、現在でも日常的にはそう呼ばれることがあるが、現行民法上はそのような呼称はない」(星野1978・391頁)と説明されました。

　順位③(嫡出子を優先)について、明治民法970条1項3号は、「親等ノ同シキ男又ハ女ノ間ニ在リテハ嫡出子ヲ先ニス」と規定していました。これは、直系卑属のうち親等の最も近い者が複数いて、それらの全てが男だけ(又は女だけ)であったときは、嫡出子が庶子(庶子・私生子)に優先して家督相続人となりました。嫡出子を優先することは、「固ヨリ当然」(梅1913・29頁)と説明されました。例えば、被相続人(戸主)に「家族タル直系卑属」(明民970)である男子のうちに嫡出子が3人・庶子が1人あったとき、順位③により庶子は劣後し、嫡出子3人について順位⑤(年長者を優先)を検討します。順位③の次に順位⑤を検討するのは、順位④は被相続人が戸主(男)であるときを対象としていない(女戸主のみに関する)ためです。

　本ケースでは、戸主Ⅰに子が3人・孫が2人あるところ、順位①(親等の近い者を優先)により孫STは劣後しました。子MOPについては、順位②(男を優先)により女Oは劣後しました。そして、男MPについては、順位③により庶子Mは劣後し、嫡出子Pが家督相続人となりました。

参考ケース

　庶子Mがいなかったとき→【073】
　嫡出子がUOPの3人だったとき→【076】

【075】　被相続人（ 甲＝J ）に夫と庶子と私生子がいるとき

▶キーワード　法定家督順位④（女戸主：庶子を優先）

〔親族関係〕

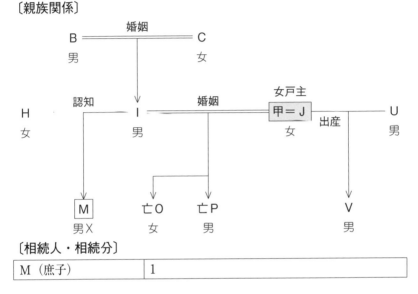

〔相続人・相続分〕

M（庶子）	1

ポイント

　女戸主とは、「女子である戸主のこと」(末光2017・17頁) です。戸主の多くは男性であったものの、女性が戸主であることもありました。「女戸主を認めたことは、武家法が市民法に変った当然の結果であった」(中川外32頁〔中川善之助・泉久雄〕) と説明されています。

　明治民法の前に成立した民法（旧法）については、「1890年（明治23年）に民法典が公布されることとなった。ところが、この民法典（今日では、現行民法典に対して『旧民法典』と呼ばれる）に対しては、日本の慣習にあわない、施行を見合わせるべきだとする批判がなされた。……1892年（明治25年）に施行延期法が成立し、民法典は施行されることもなく修正されることとなった」(大村2012・26頁) と説明され

ています。

　そして、「庶子」という概念が旧民法と明治民法では異なることについて、「明治15年までは妾には夫の親族としての地位が与えられていた。また、旧民法にも妾の名残を見出すことができる。それが『庶子』である。旧民法の庶子とは妾の子なのである。庶子とは妻ではないが特別の関係にある女が産んだ子なのであり、父は当然この子を自分の子として認めている。だから父が出生届を出すのである。これに対して、私生子はそうした関係にない女が産んだ子であり、自分の子かどうかもわからない子を指すのである。このような『庶子』の観念は明治民法では払拭される。妻以外の女が産んだ子はすべて私生子であり、認知があってはじめて『庶子』となるとされる」（大村2012・39〜40頁）と説明されています。

　順位④（女戸主：庶子を優先）について、明治民法970条1項4号は、「親等ノ同シキ者ノ間ニ在リテハ女ト雖モ嫡出子及ヒ庶子ヲ先ニス」と規定していました。そして、1942年改正前明治民法970条1項4号は、「親等ノ同シキ嫡出子、庶子及ヒ私生子ノ間ニ在リテハ嫡出子及ヒ庶子ハ女ト雖モ之ヲ私生子ヨリ先ニス」と規定していました。

　私生子は「必スシモ何レノ家ニ属スヘキモノト曰ヒ難キ」（梅1913・36頁）ため、私生子が「家」にいても考慮されないと説明されました。

　これは、被相続人が女戸主であった場合にのみ適用されました。その理由は、「母ノミ認知シタル私生子」（梅1913・29〜30頁）は単なる私生子である（庶子ではない）という点にあります。

　本ケースでは、女戸主Jに子が2人あるところ、順位④により私生子（Jが出産したものの誰からも認知されていない子）Vは劣後し、庶子Mが家督相続人となりました。

参考ケース

離婚・再婚したとき→【079】

【076】　被相続人（ 甲＝Ｉ ）に妻と庶子1人と嫡出子3人と孫2人
　　　がいるとき

▶キーワード　法定家督順位⑤（年長者を優先）

〔親族関係〕

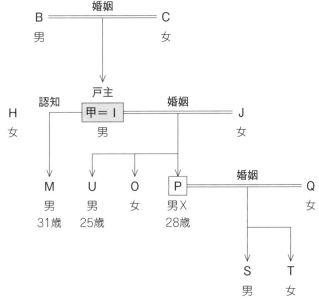

〔相続人・相続分〕

P （嫡出子）	1

ポイント

　順位⑤（年長者を優先）について、明治民法970条1項5号は、「前4号
ニ掲ケタル事項ニ付キ相同シキ者ノ間ニ在リテハ年長者ヲ先ニス」と
規定していました。これは、日本でも西洋でも「長子相続ノ慣習」（梅
1913・32頁）が久しく行われているためです。順位①から順位④までの
事項について同じ者の間にあって年長者を先にすることは、「長子相

続主義の宣言」（小石23〜24頁）といえます。例えば、被相続人（戸主）
に「家族タル直系卑属」（明民970）である男子のうちに嫡出子が3人・庶
子が1人あったとき、順位③により庶子は劣後し、嫡出子3人について
順位⑤を検討し、最も年長である者が家督相続人となりました。戸主
において順位③の次に順位⑤を検討するのは、順位④は被相続人が戸
主（男）であるときを対象としていない（女戸主のみに関する）ため
です。

　本ケースでは、戸主Ｉに子が4人・孫が2人あるところ、順位①（親
等の近い者を優先）により孫ＳＴは劣後しました。子ＭＵＯＰについ
ては、順位②（男を優先）により女Ｏは劣後しました。男ＭＵＰにつ
いては、順位③（嫡出子を優先）により庶子Ｍは劣後しました。そし
て、男の嫡出子の年齢がＵ25歳・Ｐ28歳であったため、順位⑤により、
最も年長であるＰが家督相続人となりました。

参考ケース

　嫡出子がＯＰの2人だったとき→【074】
　Ｊと離婚・Ｈと再婚したとき→【077】
　養子Ｒがいるとき→【078】

【077】　被相続人（ 甲＝Ｉ ）に準正子がいたとき

▶キーワード　法定家督細則①（準正子）

〔親族関係〕

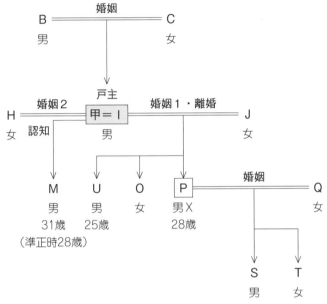

〔相続人・相続分〕

P （嫡出子）	1

ポイント

　単独相続する順位に関する細則①（準正子・養子）について、明治民法970条2項は、「836条ノ規定ニ依リ又ハ養子縁組ニ因リテ嫡出子タル身分ヲ取得シタル者ハ家督相続ニ付テハ其嫡出子タル身分ヲ取得シタル時ニ生マレタルモノト看做ス」と規定していました。そして、準正子について、明治民法836条は、1項で「庶子ハ其父母ノ婚姻ニ因リテ嫡出子タル身分ヲ取得ス」、2項で「婚姻中父母カ認知シタル子ハ其

認知ノ時ヨリ嫡出子タル身分ヲ取得ス」と規定し、1942年改正前明治民法836条2項は、「婚姻中父母カ認知シタル私生子ハ其認知ノ時ヨリ嫡出子タル身分ヲ取得ス」と規定していました。

　細則①は、準正によって嫡出子の身分を得た者は、その時点で生まれたものとみなされていたことを意味します。これは「既得権」（梅1913・33頁）を奪うべきではないという理由によるものです。すなわち、準正子が嫡出子たる身分を取得する前に、嫡出子が生まれていたときは、嫡出子の年齢が準正子より少ないときであっても、年少者の方が先に嫡出子たる身分を取得していたこと（既得権）を重視していました。このことは、「誰が年長者であるかは相互の年齢を比較して定めること勿論であるが……準正の結果被相続人の嫡出子となった者まで同一に取扱い、以前からその家に在った年少の嫡出子に優先せしめる必要はない」（小石24頁）と説明されています。

　本ケースの準正子Mは31歳であり、嫡出子Pは28歳であるものの、認知されていたMは母HがIと再婚したことにより準正した時点で生まれたものとみなされるため、Pに劣後しました。

参考ケース
　Jと離婚・Hと再婚していないとき→【076】

【078】　被相続人（ 甲＝Ｉ ）に養子がいたとき

▶キーワード　法定家督細則①（養子）

〔親族関係〕

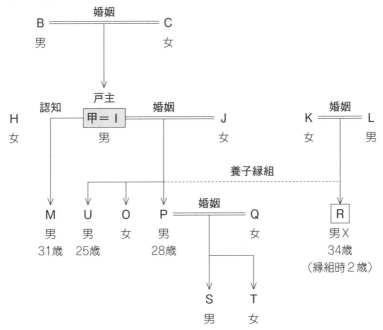

〔相続人・相続分〕

R（養子）	1

ポイント

　明治民法の養子については、「男子養子の制限があった。これは、例えば、既に長男がいる戸主は、女子を養子とすることはできるが、男子を養子とすることはできず、あるいは、戸主に、既に男子の養子がいる場合も、男子を2人目の養子とすることはできないというものである（婚養子であれば養子とすることができた。）。……養親の死亡の時に遡って縁組の効力が生じるという遺言養子の制度があった」（末光

2019・149頁）と説明されています。

　単独相続する順位に関する細則①（準正子・養子）について、明治民法970条2項は、「836条ノ規定ニ依リ又ハ養子縁組ニ因リテ嫡出子タル身分ヲ取得シタル者ハ家督相続ニ付テハ其嫡出子タル身分ヲ取得シタル時ニ生マレタルモノト看做ス」と規定していました。そして、養子縁組について、明治民法860条は、「養子ハ縁組ノ日ヨリ養親ノ嫡出子タル身分ヲ取得ス」と規定していました。細則①は、養子縁組によって嫡出子の身分を得た者は、その時点で生まれたものとみなされていたことを意味します。これは「既得権」（梅1913・33頁）を奪うべきではないという理由によるものです。すなわち、養子が嫡出子たる身分を取得する前に、嫡出子が生まれていたときは、嫡出子の年齢が養子より少ないときであっても、年少者の方が先に嫡出子たる身分を取得していたこと（既得権）を重視していました。このことは、「誰が年長者であるかは相互の年齢を比較して定めること勿論であるが、養子縁組……の結果被相続人の嫡出子となった者まで同一に取扱い、以前からその家に在った年少の嫡出子に優先せしめる必要はない」（小石24頁）と説明されています。

　本ケースの養子Rは34歳であり、嫡出子Pは28歳であるものの、Rは養子縁組によって養子となった時点で生まれたものとみなされるため、養子縁組の時点とPの出生のいずれが早いかを比較することが必要でした。Rが養子となったのは2歳の時であり、この時に生まれたとしても、Pよりも年長です。そのため、養子Rが相続人となりました。

参考ケース

　養子Rがいないとき→【076】

【079】　甲＝J が入夫婚姻したとき

▶キーワード　法定家督細則②（入夫婚姻）

〔親族関係〕

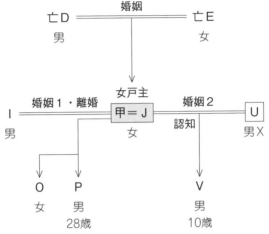

〔相続人・相続分〕

U（入夫）	1

ポイント

　女戸主とは、「女子である戸主のこと」（末光2017・17頁）です。戸主の多くは男性であったものの、女性が戸主であることもありました。「女戸主を認めたことは、武家法が市民法に変った当然の結果であった」（中川外32頁〔中川善之助・泉久雄〕）と説明されています。

　入夫婚姻とは、「夫が女戸主である妻の家に入る婚姻」であり、「家の維持、継続のために行われていた制度」（大里102頁）です。細則②（入夫婚姻）について、明治民法971条は「前条ノ規定ハ736条ノ適用ヲ妨ケス」と規定し、同法736条は「女戸主カ入夫婚姻ヲ為シタルトキハ入夫ハ其家ノ戸主ト為ル但当事者カ婚姻ノ当時反対ノ意思ヲ表示シタル

トキハ此限ニ在ラス」と規定していました。これは、女戸主の入夫婚姻によって家督相続が開始したときは、入夫を戸主とするという原則があったことを意味します。これは、入夫婚姻の目的から、たとえ女戸主に家にある直系卑属がいてもまず「入夫ニ於テ相続ヲ為スヘキコト固ヨリ当然」（梅1913・34頁）と説明されました。ここには、明治民法において男女は平等でなかったことが影響しています。

参考ケース

　離婚・再婚していないとき→【075】

　入夫が離婚したとき→【080】

　父Dが生存していたとき→【082】

コラム9　「特別の寄与」の主体

　「特別の寄与」（現民1050）（【046】参照）の主体は、「被相続人の親族」に限られています。ここにいう「親族」とは、六親等内の血族、配偶者、三親等内の姻族です（現民725）。「親族」に限る理由としては、①被相続人と何ら身分関係がない者を加えることには紛争が複雑化するおそれがあるから、相続財産の分配は、相続人不存在（【045】参照）の場合を除き、被相続人と一定の身分関係がある者の間で行うことが妥当であること、②被相続人と近い関係にあるために有償契約等の生前の対応が類型的に困難である者に保護を与えるという立法趣旨からすれば「親族」よりも狭い範囲とすることは妥当でないためです（中込2019・212頁参照）。「親族」のうち「相続人」が除かれるのは寄与分（現民904の2）によって保護されるためであり、相続の放棄（【041】参照）・欠格（【043】参照）・廃除（【044】参照）の対象者が除かれるのは保護する必要性が乏しいためです（中込2019・214頁参照）。

【080】　入夫（ 甲＝U ）が離婚したとき

▶キーワード　入夫の離婚

〔親族関係〕

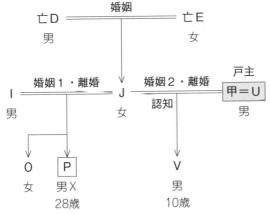

〔相続人・相続分〕

P （継子）	1

ポイント

　明治民法は、継父母と継子の間にも親子関係を認めていました。継子とは、「配偶者の子にして婚姻の当時配偶者の家にありたる者又は婚姻中にその家に入りたる者」（大里167〜168頁）です。明治民法728条は、「継父母ト継子……トノ間ニ於テハ親子間ニ於ケルト同一ノ親族関係ヲ生ス」と規定していました。継父母と継子の法定親子関係は常に生ずるわけではなく、「家を同じくする場合についてだけ生ずる」（大村2015・16頁）と解釈されていました。本ケースにおいて、I と女戸主 J の間に子OPがいるところ、女戸主 J は、I と離婚して、Uと再婚（入夫婚姻）しました。「入夫及ヒ婿養子ハ妻ノ家ニ入ル」（明民788②）ため、U男は J 女と同じ「家」に入ります。この場合に、先夫 I との

子Pは、J女の「家」にある子であり、U男の継子として親子関係が認められます。

　入夫の離婚によって家督相続が開始するのは、入夫は女戸主との婚姻（入夫婚姻）によって戸主となった者であり、離婚した後も戸主であり続けることは適切でないためです。①「入夫は婚家を去ることにより戸主たる地位を失い、婚家では家督相続が開始することになる」（大里107頁）、②「入夫の離婚による家督相続には旧民法971条の規定は適用されないため、入夫離婚により妻（元女戸主）が家督相続人となるものではなく……家督相続人の順序、順位に関する旧民法970条から985条の規定に従って家督相続人が定められた」（末光2019・198頁）と説明されています。

　本ケースでは、戸主Uに子が3人あるところ、順位②（男を優先）によりO女は劣後しました。PV男の年齢はP28歳・V10歳であったため、順位⑤（年長者を優先）により、最も年長であるPが家督相続人となりました。

　準正子・養子については細則①があり、「836条ノ規定ニ依リ又ハ養子縁組ニ因リテ嫡出子タル身分ヲ取得シタル者ハ家督相続ニ付テハ其嫡出子タル身分ヲ取得シタル時ニ生マレタルモノト看做ス」（明民970②）と規定されていました。しかし、継子の相続権については「特別規定がないので、実子より年長なる継子の相続順位は常に実子に優先することになる」（小石58頁）と指摘されています。

参考ケース

　入夫婚姻をしたとき→【079】

　同じ法律関係における経過措置→【098】

【081】　被相続人（ 甲＝Ｉ ）に入籍者がいるとき

▶キーワード　法定家督細則③（入籍者）

〔親族関係〕

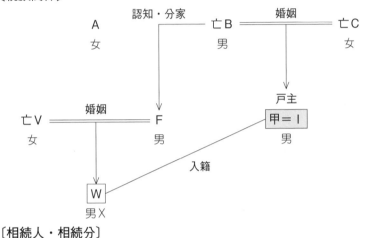

〔相続人・相続分〕

W（入籍者）	1

ポイント

　入籍者については、「戸主の親族であって、当該戸主の家ではない家に在籍している者（他家にいる者）は、戸主（入籍の前の、及び後の戸主）の同意を得て、自らの意思で当該戸主の家に入ることができたが、この場合の入籍を、親族入籍といった。例えば、分家の家族である本家の戸主の甥が、本家に親族入籍して、本家の家族になる場合などが、これに当たる。また、入籍すべき者が自分の意思で入籍するのではなく、入籍すべき家の者（引取者）によって入籍させられる、つまり当該家に引き取られる（戸籍に入れられる。）ことによって入籍することを引取入籍という。……例えば、婚姻によって婚家に入った者が、実家に、その者の子がいたときに、その子を実家から婚家に入籍させ、婚家の家族とする場合などが、これに当たる」（末光2020・254頁）

と説明されています。

　細則③（入籍者）について、明治民法972条は、「737条及ヒ738条ノ規定ニ依リテ家族ト為リタル直系卑属ハ嫡出子又ハ庶子タル他ノ直系卑属ナキ場合ニ限リ970条ニ定メタル順序ニ従ヒテ家督相続人ト為ル」と規定していました。そして、明治民法737条1項は「戸主ノ親族ニシテ他家ニ在ル者ハ戸主ノ同意ヲ得テ其家族ト為ルコトヲ得但其者カ他家ノ家族タルトキハ其家ノ戸主ノ同意ヲ得ルコトヲ要ス」とし、明治民法738条1項は「婚姻又ハ養子縁組ニ因リテ他家ニ入リタル者カ其配偶者又ハ養親ノ親族ニ非サル自己ノ親族ヲ婚家又ハ養家ノ家族ト為サント欲スルトキハ前条ノ規定ニ依ル外其配偶者又ハ養親ノ同意ヲ得ルコトヲ要ス」と規定していました。これは、戸主の同意によって家族となった者（入籍者）は、嫡出子・庶子である他の直系卑属がない場合に、明治民法970条の順位に従って家督相続人となる（私生子には優先する）ことを意味します。その理由は、①「戸主の同意によって親族入籍又は引取入籍によって家族になった者が家にいる嫡出子や庶子に先立って家督相続することは人為的に法定の相続順位を変更することになり好ましくない」こと、②当然その「家」に属する直系卑属がいるときに、「他家ヨリ入リタル者」（梅1913・35頁）がこれを超えて相続したのでは人為によって天然の相続権を左右するものとなって穏当でないこと、③私生子は「必スシモ何レノ家ニ属スヘキモノト曰ヒ難キ」（梅1913・36頁）ため、私生子が「家」にいても考慮されないから、他家より入った直系卑属は、嫡出子又は庶子である他の直系卑属がないときは、家にある私生子を超えて相続すると説明されました。

参考ケース

　入籍者Wが先に死亡したとき→【088】

【082】　被相続人（ 甲＝D ）に婚養子がいるとき

▶キーワード　法定家督細則④（婿養子）

〔親族関係〕

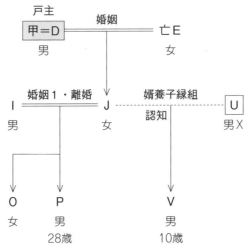

〔相続人・相続分〕

U（婿養子）	1

ポイント

　婿養子縁組については、「婿養子縁組という用語は、婚姻と養子縁組
の両者の意を含むものであり、つまり、妻である娘（家族）と夫であ
る婿養子が夫婦となると同時に、妻の親を養親とし婿養子を養子とす
る養親子関係を成立させる身分行為を婿養子縁組といい、婿養子縁組
であることを記載した婚姻の届出の受理によって成立した。……入夫
婚姻、婿養子縁組ともに婚姻であり、入夫婚姻の場合の妻は女戸主で
あり、婿養子縁組の場合の妻は女戸主ではなかった」（末光2020・266頁）
と説明されています。

　細則④（婿養子）について、明治民法973条は、「法定ノ推定家督相

続人ハ其姉妹ノ為メニスル養子縁組ニ因リテ其相続権ヲ害セラルルコトナシ」と規定していました。ここにいう「姉妹ノ為メニスル養子縁組」は「婿養子縁組を指す」(小石139頁) と説明されています。これは、養子縁組によって当然相続権を有すべき者の権利を害すべきではないという規定です。明治民法839条は、「法定ノ推定家督相続人タル男子アル者ハ男子ヲ養子ト為スコトヲ得ス但女婿ト為ス為メニスル場合ハ此限ニ在ラス」と規定していました。これは、「婿養子をしたからといって、その妻の有する相続順位以上の相続順位を婿養子に与えることはできないとするもの」(大里461頁) でした。既に法定の推定家督相続人がいる「家」に養子として入る者は、家督相続を目的としていません。女が2人いる場合において、二女の夫（婿）として養子となるときは、長女はこれによって相続権を害されるべきではありません。そうでなければ、長女の相続権は二女によって害されるのと「同一ノ結果」(梅1913・38頁) を生ずるからです。したがって、例えば「長女A・二女Bのうち、二女Bが婿養子Cを得たという場合、家督相続人となるのはCではなくA」(大村2015・379頁) になります。婿養子縁組をした後に実子の男が生まれたときは、その男は長女に先だって相続を為すべき者ですから「其長女ヨリモ下位ニアル養子」(梅1913・39頁) を超えて家督相続しました。これは、「婿養子縁組当時に拘らず相続開始の時を標準として定められることからして、縁組後被相続人に実男子が生じたならばその男子が婿養子に優先する結果となる」(小石147頁) と説明されています。

参考ケース

　Dが先に死亡し、Jが女戸主であったとき→【079】

【083】　被相続人（ 甲＝Ｉ ）に先に死亡した長男の子（孫・胎
　　　　児）がいるとき

▶キーワード　法定家督細則⑤（代襲相続）

〔親族関係〕

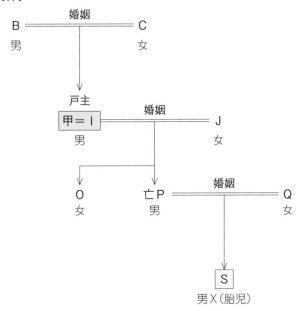

〔相続人・相続分〕

Ｓ　（嫡出孫）	1

　ポイント

　細則⑤（代襲相続）について、明治民法974条が規定していた代襲相
続も、法定の推定家督相続人の細則です。明治民法974条は、1項で「970
条及ヒ972条ノ規定ニ依リテ家督相続人タルヘキ者カ家督相続ノ開始
前ニ死亡シ又ハ其相続権ヲ失ヒタル場合ニ於テ其者ニ直系卑属アルト
キハ其直系卑属ハ970条及ヒ972条ニ定メタル順序ニ従ヒ其者ト同順位
ニ於テ家督相続人ト為ル」、2項で「前項ノ規定ノ適用ニ付テハ胎児ハ

既ニ生マレタルモノト看做ス但死体ニテ生マレタルトキハ此限ニ在ラ
ス」と規定していました。これは、「『嫡孫承祖』という……古い慣行
によるもので、死亡その他の偶然の事情によって、親から子、子から
孫という相続の順序を狂わすことのないようにとの配慮に基づくも
の」（大里462頁）です。死亡者又は失権者が相続をしたときは、その直
系卑属が「相続ヲ為スヘキ当然ノ順序」にあったのに「偶然ノ事実」
（梅1913・43頁）によってその相続権を失い、その叔父母等が相続し、家
督を永くその者の子孫に属すべきものとするのは適切でないためで
す。被代襲者は明治民法970条及び972条によって家督相続人となるべ
き者でしたから、「第1順位の家督相続人たる法定の推定家督相続人に
限られること勿論であるが、なほその死亡其の他失権の原因事由発生
の当時、現実に相続人たる順位に在った者でなければならない」（小石
170頁）とされていました。

　明治民法974条1項が「其者ト同順位ニ於テ」と規定したことは、「代
襲相続人に対して被代襲者が有したより以上強力な相続権を付与せし
むべきではない」ためであり、「代襲者が被相続人を相続する順位は、
代襲者自身の男女・嫡庶に関係なく、すべて被代襲者の有したる順位
に依るのであるから、一旦代襲相続人となった者も、その後相続開始
の時までに被代襲者に優先して家督相続人たるべき順位の者が存在す
るに至ったならば、当然その者の為に相続権を奪われる結果となる」
（小石219頁）と説明されました。

参考ケース

　Pが生きているとき→【073】
　同じ法律関係における経過措置→【100】

第2　指定により家督相続人となるケース

【084】　甲＝Ⅰ が家督相続人を指定したとき

▶キーワード　指定

〔親族関係〕

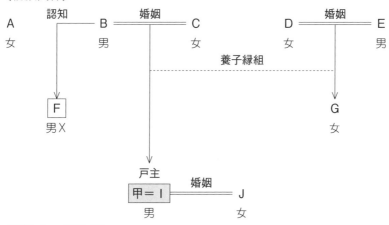

〔相続人・相続分〕

F　（被指定者）	1

ポイント

　明治民法979条は、1項で「法定ノ推定家督相続人ナキトキハ被相続人ハ家督相続人ヲ指定スルコトヲ得此指定ハ法定ノ推定家督相続人アルニ至リタルトキハ其効力ヲ失フ」、2項で「家督相続人ノ指定ハ之ヲ取消スコトヲ得」、3項で「前2項ノ規定ハ死亡又ハ隠居ニ因ル家督相続ノ場合ニノミ之ヲ適用ス」と規定していました。

　家督相続人を指定できるのは、法定家督相続人がいない場合です（明民979）。このことは、①「家督の相続は子孫に継がせるものとされていたが、家の継続を第一義としていた家制度のもとでは、〔筆者注：法定の推定家督〕相続人がいないときは、被相続人と血縁のない者であ

っても後継者を指定できるものとしていた」（大里464頁）、②「推定家督相続人の相続権は、廃除によってしか奪うことができない」（大村2015・379頁）、③「被相続人の子孫がいても、その者が欠格又は廃除により法定の推定家督相続人の資格がないときは指定することができる」（大里465頁）と説明されました。

　家督相続人を指定できるのは、「死亡・隠居の場合」（大村2015・379頁）に限られます。このことは、既に法律上当然相続すべき者がないときは、戸主が自己の権利を承継すべき者を指定するのは「固ヨリ穏当」（梅1913・60頁）であり、死亡又は隠居の場合にはこれでよいと説明されました。

　国籍喪失者については、①「戸主……が日本国籍を喪失（国籍喪失）すると、家督相続が開始した。これは、家……にいる者、すなわち戸籍に記載される者は、当然のことながら、日本国籍を有するものに限られたため、戸主は（家族も）必ず日本国籍を有する者でなければならなかったからである。戸主が日本国籍を喪失すると、その戸主は、当該家（戸籍）に属することができなくなることで、その家における戸主権も喪失した」（末光2019・244頁）、②「日本ニ於ケル家ヲ思ヒテ其適当ナル相続人ヲ定ムルカ如キコトアルヘカラス」（梅1913・61頁）であると説明されました。

　入夫婚姻においては入夫が戸主となるべきであり女戸主に「入夫以外ノ相続人ヲ指定スルノ余地ナキ」（梅1913・61頁）こととされ、その他の戸主の婚姻・養子縁組の取消し・入夫の離婚の場合にその相続人を指定することができないのは「固ヨリ言フヲ俟タサル所」（梅1913・61頁）であると説明されました。

参考ケース

　分家したとき→【088】

第３　第1種選定家督相続人となるケース

【085】　┃甲＝U┃の父が（家女である）Uの妻を選定したとき

▶キーワード　第1種選定①（配偶者・家女である）

〔親族関係〕

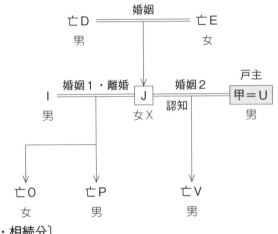

〔相続人・相続分〕

J　（被選定者）	1

┃ ポイント ┃

　明治民法982条は、「法定又ハ指定ノ家督相続人ナキ場合ニ於テ其家
ニ被相続人ノ父アルトキハ父、父アラサルトキ又ハ父カ其意思ヲ表示
スルコト能ハサルトキハ母、父母共ニアラサルトキ又ハ父カ其意思ヲ
表示スルコト能ハサルトキハ親族会ハ左ノ順序ニ従ヒ家族中ヨリ家督
相続人ヲ選定ス」として、(1)「配偶者但家女ナルトキ」、(2)「兄弟」、
(3)「姉妹」、(4)「1号ニ該当セサル配偶者」、(5)「兄弟姉妹ノ直系卑
属」を列挙していました。これは「第1種ノ選定家督相続人」（梅1913・
67頁）であり、法定又は指定の家督相続人がいない場合と、指定家督相

続人が放棄をした場合に関するものです。

　選定されるのは、①家女である配偶者、②兄弟、③姉妹、④家女でない配偶者、⑤兄弟姉妹の直系卑属です。「これらの者は、第1種の法定家督相続人である被相続人の直系卑属に次いで、被相続人と関係の深い者」（大里472頁）です。

　「家族中ヨリ」という規定は、「相続開始の際にその家の家族でなければならないと同時に選定の際にもその家の家族でなければならない」（大里472頁）ことを意味します。

　被選定者としての資格者が数人あるときは、「『家族』の中から、①家女である配偶者、②兄弟、③姉妹、④家女でない配偶者、⑤兄弟姉妹の直系卑属、という順序に従って、選定」（大村2015・380頁）します。このことは、「被選定者の範囲、順位の法定は、家制度の精神により、家の血族と選定される者の身分的地位による」（大里472頁）と説明されています。

　明治民法983条は、「家督相続人ヲ選定スヘキ者ハ正当ノ事由アル場合ニ限リ裁判所ノ許可ヲ得テ前条ニ掲ケタル順序ヲ変更シ又ハ選定ヲ為ササルコトヲ得」と規定していました。これは、適当な相続人を得ることが重要であるため、明治民法982条の規定に従い相続すべき順位にある者であっても不適当であるか又はその者より一層適当な者がいるときはむしろ「彼ヲ棄テテ此ヲ立ツルヲ利アリトス」（梅1913・70頁）と説明されました。これは、法定の推定家督相続人であっても重大な事由があれば廃除を許していることと類似しています。ただし、「弊害ヲ矯ムル為メ」（梅1913・70頁）に、順序の変更等をするためには「裁判所ノ許可」（明民983）が必要とされました。

[参考ケース]
　同じ法律関係における経過措置→【097】

第4　直系尊属が家督相続人となるケース

【086】　被相続人（　甲＝Ｉ　）に父と祖父がいるとき

　▶キーワード　直系尊属①（父と祖父）

〔親族関係〕

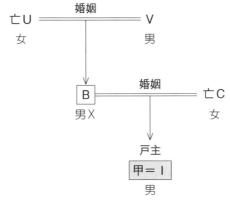

〔相続人・相続分〕

Ｂ（父）	1

ポイント

　明治民法984条本文は、「982条ノ規定ニ依リテ家督相続人タル者ナキトキハ家ニ在ル直系尊属中親等ノ最モ近キ者家督相続人ト為ル」と規定していました。これは、家にある直系尊属に、親（父母）と祖父母がいるときは親等の近い者（親）を優先することを意味します。具体的には、「隠居再相続の場合など」（大村2015・380頁）すなわち「いわゆる『逆相続』として隠居した前戸主が再び戸主になるような場合」（大里477頁）です。

　直系尊属は、被相続人の家族である直系卑属（法定家督相続人）とは異なり、任意に相続を放棄できました（明民1020ただし書）。

　親等の近い者を優先することは「逆行相続ヲシテカメテ其程度ヲ小ナラシムル」（梅1913・72頁）ためでした。明治民法は、これを法定・指定及び第1種の選定相続人がない場合にのみ認めました。その理由は、隠居の再相続は常理に反するため「萬已ムヲ得サル場合ニノミ」（梅1913・71頁）とすることが慣習の精神に適するためです。

[参考ケース]

　母Cが生きているとき→【087】

[コラム10]　具体的相続分とは

　特別受益主張の期間制限（2021後現民904の3柱書）（【049】参照）にいう「前3条の規定」は、特別受益者の相続分に関する規定（現民903・904）と、寄与分に関する規定（現民904の2）です。これらを適用しないことは、相続開始の時から10年を経過した後にする遺産の分割については「具体的相続分」によらないこと、すなわち、法定相続分（現民900）、代襲相続分（現民901）又は指定相続分（現民902）によることを意味します。ここにいう「具体的相続分」とは、「遺産分割手続における分配の前提となるべき計算上の価額又はその価額の遺産の総額に対する割合を意味するものであって、それ自体を実体法上の権利関係であるということはできず、遺産分割審判事件における遺産の分割……等のための前提問題として審理判断される事項」（最判平12・2・24民集54・2・523）です。具体的相続分による遺産分割を求められる期間を制限することにより、「自己に対する贈与が特別受益であると主張された相続人が、それに対する反証となる証拠を紛失し、適切に反証することができないといった事態など」（小出邦夫法務省民事局長：第204回国会（令和3年）参議院法務委員会会議録9号15頁）が生じなくなります。

【087】　被相続人（ 甲＝Ｉ ）に父母がいるとき

▶キーワード　直系尊属②（父母）

〔親族関係〕

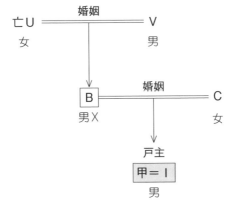

〔相続人・相続分〕

B（父）	1

ポイント

　明治民法984条は、「982条ノ規定ニ依リテ家督相続人タル者ナキト
キハ家ニ在ル直系尊属中親等ノ最モ近キ者家督相続人ト為ル但親等ノ
同シキ者ノ間ニ在リテハ男ヲ先ニス」と規定していました。このただ
し書は、父母がいるときは女（母）は劣後し、男（父）が相続人とな
ることを意味します。

　明治民法において男女が差別されていたことについては、「家とい
うものが非常に邪魔になる、特に女の姉妹しかいない場合長女という
ものに対しては大変邪魔になると申しましたが、これは当然だという
ことになります。なぜなら戸主権というものは他人に対して大きな力
を持つものである反面、戸主その人にとっても拘束となるものだから
であります。戸主が女である場合には、戸主権が大きな邪魔になるの

であります。女の姉妹しかいない家の長女はお前は家の相続人という
重大な地位にあるのだからウカウカ嫁に行くということは甚だもって
不心得である、一家全体を統率してゆく統率者であるからそれが嫁に
行くなどはもっての外である、この家という制度は家という1つの枠
を通じて非常に大きな責任を負わせているということになりまして、
この枠が邪魔になるんだという説明も解ってくる訳であります。」(我
妻1971・140頁)と説明されたことがあります。

参考ケース

　母Cが先に死亡したとき→【086】

コラム11　自筆証書遺言の方式の緩和

　遺言(【052】参照)は、「遺言者の最終意思を尊重し、これを実現するも
の」(中込2019・61頁)です。現行民法968条は、2018年改正において方式を緩
和され、相続財産の目録については自書を要しないとされました。「法務局
における遺言書の保管等に関する法律」も制定されました。これらの改正
は、配偶者居住権(現民1028)と配偶者短期居住権(現民1037)の主体である
「配偶者」が相続権を有する配偶者(法律婚の配偶者)に限られることは画
一性の見地からやむを得ない(法律上の婚姻は戸籍等によって確認できる
のに対して、内縁配偶者等に該当するか否かは諸要素を総合的に考慮して
判断するほかない)を前提としつつ、内縁配偶者等の保護についても配慮
したものと評価できます。筆者は、「遺言を活用することによって、被相続
人の財産の全部または一部を与えることが可能である。……改正によって
自筆証書遺言が活用しやすくなることには、内縁配偶者や同性パートナー
の保護という側面もある」(中込2019・63頁)と考えています。

第５　第2種選定家督相続人となるケース

【088】 被相続人（ 甲＝Ｉ ）の親族会が分家の戸主を選定した
とき

▶キーワード　第2種選定①（分家の戸主）

〔親族関係〕

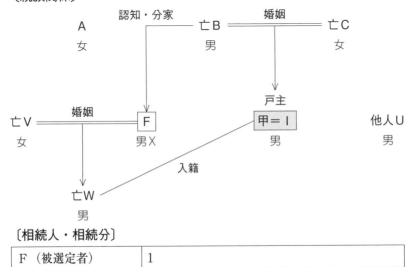

〔相続人・相続分〕

F （被選定者）	1

┌─────────┐
│ ポイント │
└─────────┘

　明治民法985条は、1項で「前条ノ規定ニ依リテ家督相続人タル者ナ
キトキハ親族会ハ被相続人ノ親族、家族、分家ノ戸主又ハ本家若クハ
分家ノ家族中ヨリ家督相続人ヲ選定ス」、2項で「前項ニ掲ケタル者ノ
中ニ家督相続人タルヘキ者ナキトキハ親族会ハ他人ノ中ヨリ之ヲ選定
ス」、3項で「親族会ハ正当ノ事由アル場合ニ限リ前2項ノ規定ニ拘ハラ
ス裁判所ノ許可ヲ得テ他人ヲ選定スルコトヲ得」と規定していました。
第1種選定家督相続人について選定権を有するのは、父・母又は親族会

です。「この順序で選定権を有する」（大村2015・380頁）と説明されています。

　第1種選定家督相続人について選定権を有するのが父・母又は親族会であること（明民982）と異なり、第2種選定家督相続人を選定するのは「親族会」（明民985①）のみです。これは、第2種選定家督相続人を選定する段階では、被相続人の父母は既にいないのが普通であり、仮に父母が存命であっても相続欠格者又は相続放棄者であると考えられるためです。

　明治民法985条は、「第2種ノ選定相続人」（梅1913・73頁）についての規定です。法定・指定及び第1種の選定相続人がなく、直系尊属もない場合に至っては、広く適当の相続人を選定するしかありません。それでも「被相続人ノ親族、家族、分家ノ戸主又ハ本家若クハ分家ノ家族」（明民985①）を優先しているのは、「家系ヲ重スルノ趣旨」（梅1913・73頁）です。

　分家については、「法定推定家督相続人は、離籍……された場合を除いて、他家に入り、又は一家を創立することはできず、この制限を法定推定家督相続人の去家の制限（去家の制限）といった。……法定推定家督相続人の去家の制限には例外があったが、その主なものが、本家相続のために必要な場合であった。本家相続とは、本家の家督相続人となること、つまり本家の家督相続人に指定……され、又は選定……されて、その家督相続を承認し、本家の家督相続人になることをいった」（末光2019・108〜109頁）と説明されています。

参考ケース

　入籍者Wが生存していたとき→【081】
　分家していないとき→【084】
　分家の戸主Fが先に死亡したとき→【089】

【089】　被相続人（ 甲＝Ｉ ）の親族会が他人を選定したとき

▶キーワード　第2種選定②（他人）

〔親族関係〕

〔相続人・相続分〕

U（被選定者）	1

ポイント

　明治民法985条は、「第2種ノ選定相続人」（梅1913・73頁）についての規定です。法定・指定及び第1種の選定相続人がなく、直系尊属もない場合に至っては、広く適当の相続人を選定するしかありません。「被相続人ノ親族、家族、分家ノ戸主又ハ本家若クハ分家ノ家族」（明民985①）がいないときや、いても相続権を失い又は放棄したときは、「他人」（明民985②）の中から選定しなければ「竟ニ絶家ノ不幸」（梅1913・74頁）を見ることになるため、他人の中からも選定できることとされました。このことは、①「家をつぶし、家産を散らさないようにという配慮に他ならない。したがって、家を受け継いでくれる者さえあれば『他人』でも構わないというところまでくるのである。まさに無限家族的要請

といえよう」（中川外1992・4〜5頁〔中川善之助・泉久雄〕）、②「全然選定しないという訳にはいかない。あらゆる手段を尽くして家を継続させ家名の維持を図るというのが立法趣旨である」（大里479〜480頁）と説明されました。

　他人を第2種選定家督相続人とすることもできなかったときは、その「家」は戸主を失ったことにより、絶家となりました。絶家について、明治民法764条1項は、「戸主ヲ失ヒタル家ニ家督相続人ナキトキハ絶家シタルモノトシ其家族ハ各一家ヲ創立ス但子ハ父ニ随ヒ又父カ知レサルトキ、他家ニ在ルトキ若クハ死亡シタルトキハ母ニ随ヒテ其家ニ入ル」と規定していました。

参考ケース

　分家の戸主Ｆが生きていたとき→【088】

コラム12　所有者不明土地とは

　相続土地国庫帰属法（【042】参照）1条は、所有者不明土地を「相当の努力を払ってもなおその所有者の全部又は一部を確知することができない土地」と定義しています。これは、2021年改正のきっかけとなった所有者不明土地問題（土地の所有者が死亡しても相続登記がされないこと等を原因として所有者不明土地が生じ、その土地の利用等が阻害されるなどの問題）における「所有者不明土地」すなわち「不動産登記簿により所有者が直ちに判明せず、または判明しても連絡がつかない土地」とは異なります（中込2022・363頁）。所有者不明土地問題においては、調査すれば最終的に所有者が判明する土地が大部分であるとしても、不動産登記簿により直ちに判明しないときは「所有者の探索に時間と費用が掛かるために、民間の土地取引や公共事業の実施が阻害される」（小出邦夫法務省民事局長：第204回国会（令和3年）参議院法務委員会議録7号5頁）ことが問題とされています。

第5章　経過措置を検討すべき相続

【090】　被相続人（ 甲＝Ｉ ）に非嫡出子2人と嫡出子2人と養子1
人がいて、特別受益の持戻しを主張しないまま10年が経過
したとき（2021年改正）

▶キーワード　2021年改正・特別受益主張の期間制限

〔親族関係〕

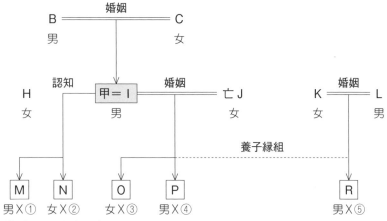

〔相続人・相続分〕

M（非嫡出子）	1/5
N（非嫡出子）	1/5
O（嫡出子）	1/5
P（嫡出子）	1/5
R（養子）	1/5

ポイント

　2021年改正によって「相続開始の時から10年を経過した後にする遺
産の分割」について特別受益（現民903・904）と寄与分（現民904の2）の規
定を適用しないことが原則になります（2021後現民904の3本文）。この期
間制限は、特別受益と寄与分の判断が難しいからと解決を先送りにす

ることによって所有者不明土地が増えることを避けるためのものであり、遺産分割を早期に行うことが期待されています。

2021年改正後現行民法904条の3に関する経過措置は、「施行日前に相続が開始した遺産の分割についても、適用する」（2021年改正附則3）ところ、この場合の読替えについて規定しています。

そのため、期間制限の原則（10年）に対する例外は、①相続開始時から10年を経過する時又は2021年改正の原則施行日（2023（令和5）年4月1日）から5年を経過する時のいずれか遅い時までに相続人が家庭裁判所に遺産の分割の請求をしたとき（2021後現民904の3一）、②10年の期間（相続開始の時から始まる10年の期間の満了後に2021年改正の原則施行日（2023（令和5）年4月1日）から始まる5年の期間が満了する場合にあっては、2023（令和5）年4月1日から始まる5年の期間）満了前6か月以内の間にやむを得ない事由が相続人にあったときは、その消滅時から6か月経過前に家庭裁判所に請求したとき（2021後現民904の3二）という内容になります。

この経過措置は、「施行日前に相続が開始した遺産の分割についても、共有関係を適切に解消するため、遺産の分割を促すとともに、長期間が経過している場合には、法定相続分等の割合により簡明にその分割を行うことを可能とすべく、改正法を適用する必要がございます。他方、改正法の規定をそのまま適用し、施行と同時に具体的相続分による遺産分割を求める利益を失うなど、相続人に不測の損害が生ずることがないようにする必要もございます。そこで、改正案においては、相続人に不測の損害が生ずることがないよう、施行日前に生じた相続についても改正後の規定を適用することとしつつ、少なくとも施行日から5年間は具体的相続分による遺産分割の請求を求めることができるとして、猶予期間を設けている」（小出邦夫法務省民事局長：第204回国会（2021（令和3）年）衆議院法務委員会会議録6号9頁）と説明されました。

第5章

参考ケース

同じ法律関係における権利義務→【049】

【091】　被相続人（ 甲＝Ｉ ）に妻と非嫡出子1人がいるときの相続登記申請義務（2021年改正）

　▶キーワード　2021年改正・相続登記申請義務

〔親族関係〕

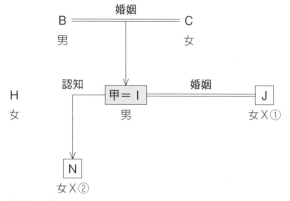

〔相続人・相続分〕

J　（配偶者）	1/2
N　（非嫡出子）	1/2

ポイント

　配偶者と子が同順位で相続人となります（現民887①・890）。配偶者と子が相続人であるときの配偶者の相続分は、1980年改正前は1/3でした（1980前現民900一）が、現在は1/2です（現民900一）。

　2021（令和3）年法律24号による改正後の不動産登記法76条の2第1項前段は、「所有権の登記名義人について相続の開始があったときは、当該相続により所有権を取得した者は、自己のために相続の開始があったことを知り、かつ、当該所有権を取得したことを知った日から3年以内に、所有権の移転の登記を申請しなければならない」と規定しています。これは、不動産を相続等によって承継した相続人に対して、登

記の申請をするように公法上の申請義務を負わせるものです。そして、同条2項は、「前項前段の規定による登記（民法900条及び901条の規定により算定した相続分に応じてされたものに限る……）がされた後に遺産の分割があったときは、当該遺産の分割によって当該相続分を超えて所有権を取得した者は、当該遺産の分割の日から3年以内に、所有権の移転の登記を申請しなければならない」と規定しています。

　配偶者Jと非嫡出子Nの遺産分割協議が速やかに成立し、その時点で相続開始から3年以内であれば、遺産分割に基づいた登記申請手続をすることによって相続登記申請義務が履行されます。遺産分割協議が難しいときは、相続人申告登記（2021後不登76の3）という簡易な方法によることもできます。

　2021年改正後不動産登記法76条の2に関する施行日は「公布の日から起算して3年を超えない範囲内において政令で定める日」であるところ（2021年改正附則1二）、2024（令和6）年4月1日とされました（令和3年政令332号）。この経過措置について、2021年改正法附則5条6項は、令和6年4月1日「前に所有権の登記名義人について相続の開始があった場合についても、適用する」として、この場合の読替えについて規定しています。これによると、2021年改正後不動産登記法76条の2第1項前段による相続登記は「自己のために相続の開始があったことを知り、かつ、当該所有権を取得したことを知った日又は令和6年4月1日のいずれか遅い日から3年以内」に、同条2項による相続登記は「遺産の分割の日又は令和6年4月1日のいずれか遅い日から3年以内に」登記申請する義務となります。

[参考ケース]

　同じ法律関係における権利義務→【001】

【092】　被相続人（ 甲＝R ）に妻と母2人がいて、妻に配偶者居
　　　住権があるとき（2018年改正）

▶キーワード　2018年改正・配偶者居住権

〔親族関係〕

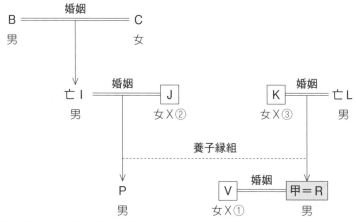

〔法定相続人・法定相続分〕

V （配偶者）	2/3
J （養母）	1/6＝1/3×1/2（普通養子）
	又は1/3（特別養子）
K （実母）	1/6＝1/3×1/2（普通養子）
	又は0（特別養子）

ポイント

　被相続人の配偶者は、被相続人の財産に属した建物に相続開始の時
に居住していた場合において、①遺産の分割によって配偶者居住権を
取得するものとされたとき、②配偶者居住権が遺贈の目的とされたと
きのいずれかに該当するときは、その居住建物の全部について無償で
使用及び収益する権利（配偶者居住権）を取得するのが原則です（現民
1028①本文）。この権利は、2018年改正で新設されました。

　配偶者居住権に関する施行日は、2020（令和2）年4月1日です（2018年改正附則1四、平成30年政令316号）。そして、配偶者居住権及び配偶者短期居住権に関する規定（現民1028〜1041）は、2020年4月1日「以後に開始した相続について適用」（2018年改正附則10①）され、2020年4月1日前に開始した相続については、なお従前の例によります。これは、一般に、相続人や相続債権者等は、相続が開始した時点において通用している法令の規定がその相続について適用されると考えるのが通常であるため、2020年4月1日前に開始した相続について配偶者居住権等に関する規定を適用すると、「その相続に対して法令が適用された結果として形成される権利関係等についての予測を害する結果となることなどが考慮されたもの」（中込2019・265頁）です。

　配偶者居住権は遺産分割等における選択肢を増やす趣旨で新設されたものですから、現行民法1028条にいう「配偶者」とは、相続権を有する配偶者、すなわち、法律婚の配偶者を意味します。内縁配偶者や同性パートナーは保護の対象とされていないことは、法定相続という制度との関係において正当なものと考えられます。これは「法定相続は、被相続人の権利義務を相続人が包括的に承継することを内容とするものであり、被相続人の債権者や債務者等に対する関係でも権利義務の承継を明確にする必要があるため、その対象は画一的に判断する」（中込2019・62頁）という理由によります。

参考ケース
　同じ法律関係における権利義務→【050】

【093】　被相続人（ 甲＝Ⅰ ）に非嫡出子2人と嫡出子1人と養子1 人がいるとき（2013年改正）

▶キーワード　2013年改正・非嫡出子の法定相続分

〔親族関係〕

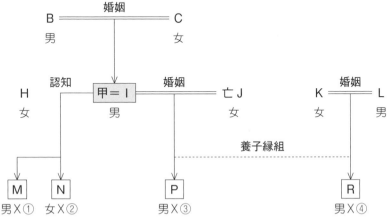

〔相続人・相続分〕

M（非嫡出子）	1/4
N（非嫡出子）	1/4
P（嫡出子）	1/4
R（養子）	1/4

〈被相続人が2013（平成25）年9月4日以前に死亡した場合〉

M（非嫡出子）	1/6
N（非嫡出子）	1/6
P（嫡出子）	1/3
R（養子）	1/3

ポイント

　子が相続人となります（現民887①）。子には、非嫡出子MN、嫡出子Pと、養子Rがいます。子が数人あるときの相続分は、現在は「相等しいもの」ですが（現民900四）、2013年改正前は、非嫡出子の相続分は、嫡出子の相続分の1/2でした（2013前現民900四）。

　2013年改正法附則1条（施行期日）は「この法律は、公布の日から施行する」とし、同2条（経過措置）は「この法律による改正後の900条の規定は、平成25年9月5日以後に開始した相続について適用する」と規定しています。そのため、非嫡出子と嫡出子・養子の法定相続分が同じになるのは、平成25年9月5日以後に開始した相続であり、平成25年9月4日以前に被相続人が死亡したときは法定相続分が異なることになります。

　ただし、判例（最大決平25・9・4民集67・6・1320）が非嫡出子の相続分を嫡出子の相続分の2分の1とすることは憲法14条に違反していたとしつつ、法的安定性の確保との調和を図るために、この違憲判断は、本件相続開始時（平成13年7月）から本決定までの間に開始された他の相続につき、2013年改正前現行民法900条4号ただし書を前提としてされた遺産分割審判その他の裁判、遺産分割協議その他の合意等により確定的なものとなった法律関係に影響を及ぼすものではないと判示しました。そのため、平成13年7月から平成25年9月4日までの間に開始された相続であり、裁判や合意によって法律関係が確定されていなかったものについては解釈に委ねられていると評価することができます。

参考ケース

　同じ法律関係における権利義務→【013】

【094】　被相続人（　甲＝Ｉ　）に妻と非嫡出子2人と嫡出子1人と養子1人がいるとき（1980年改正）

▶キーワード　1980年改正・配偶者の法定相続分

〔親族関係〕

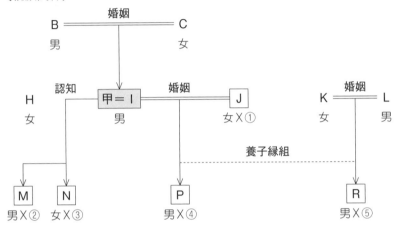

〔相続人・相続分〕

J（配偶者）	1/2
M（非嫡出子）	1/8＝1/2×1/4
N（非嫡出子）	1/8＝1/2×1/4
P（嫡出子）	1/8＝1/2×1/4
R（養子）	1/8＝1/2×1/4

〈被相続人が2013（平成25）年9月4日以前に死亡した場合〉

J（配偶者）	1/2
M（非嫡出子）	1/12＝1/2×1/6
N（非嫡出子）	1/12＝1/2×1/6
P（嫡出子）	1/6＝1/2×1/3
R（養子）	1/6＝1/2×1/3

〈被相続人が1980（昭和55）年12月31日以前に死亡した場合〉

J（配偶者）	1/3

M（非嫡出子）	$1/9 = 2/3 \times 1/6$
N（非嫡出子）	$1/9 = 2/3 \times 1/6$
P（嫡出子）	$2/9 = 2/3 \times 1/3$
R（養子）	$2/9 = 2/3 \times 1/3$

ポイント

　配偶者と子が同順位で相続人となります（現民887①・890）。子には、非嫡出子MN、嫡出子Pと、養子Rがいます。子が数人あるときの相続分は、現在は「相等しいもの」ですが（現民900四）、2013年改正前は、非嫡出子の相続分は、嫡出子の相続分の1/2でした（2013前現民900四）。そして、配偶者と子が相続人であるときの配偶者の相続分は、現在は1/2ですが（現民900一）、1980年改正前は1/3でした（1980前現民900一）。

　1980年改正法附則1条（施行期日）は「この法律は、昭和56年1月1日から施行する」、同2条（民法の一部改正に伴う経過措置）は「この法律の施行前に開始した相続に関しては、なお、1条の規定による改正前の民法の規定を適用する」と規定しています。そのため、子とともに相続するときの配偶者の法定相続分が1/2になるのは、昭和56年1月1日以後に開始した相続であり、昭和55年12月31日以前に被相続人が死亡したときは配偶者の法定相続分は1/3になります。

参考ケース

　同じ法律関係における権利義務→【014】

【095】　被相続人（ 甲＝Ｉ ）に非嫡出子1人と嫡出孫2人がいる
　　　　とき（1962年改正）

▶キーワード　1962年改正・直系卑属

〔親族関係〕

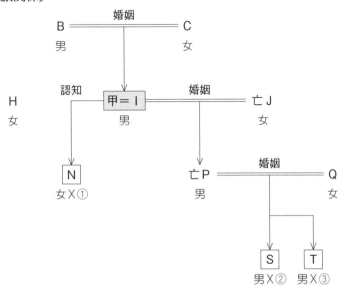

〔相続人・相続分〕

Ｎ（非嫡出子）	1/2
Ｓ（嫡出孫）	1/4＝1/2×1/2
Ｔ（嫡出孫）	1/4＝1/2×1/2

〈被相続人が2013（平成25）年9月4日以前に死亡した場合〉

Ｎ（非嫡出子）	1/3
Ｓ（嫡出孫）	1/3＝2/3×1/2
Ｔ（嫡出孫）	1/3＝2/3×1/2

ポイント

　子と孫が相続人となります（現民887①②）。子が数人あるときの相続分は、現在は「相等しいもの」ですが（現民900四）、2013年改正前は、非嫡出子の相続分は、嫡出子の相続分の1/2でした（2013前現民900四）。

　嫡出子ＰがＩよりも先に死亡したため、その子（被相続人Ｉの孫）ＳＴが代襲相続します（現民887②）。これに対し、1962年改正前現行民法887条は「被相続人の直系卑属は、左の規定に従って相続人となる」として、①「親等の異なった者の間では、その近い者を先にする」、②「親等の同じである者は、同順位で相続人となる」を列挙し、同法888条1項は「前条の規定によって相続人となるべき者が、相続の開始前に、死亡し、又はその相続権を失った場合において、その者に直系卑属があるときは、その直系卑属は、前条の規定に従ってその者と同順位で相続人となる」と規定していました。本ケースでは1962年改正の前後を問わず、嫡出孫ＳＴが被代襲者（嫡出子）Ｐの相続分を1/2ずつ承継します。

　1962年改正法附則1条（施行期日）は「この法律は、昭和37年7月1日から施行する」、同2条（経過規定）は「この法律による改正後の民法は、この法律の施行前に生じた事項にも適用する。ただし、従前の民法によって生じた効力を妨げない」と規定しています。

　1962改正前現行民法888条1項は、「相続権を失った場合」を代襲相続の原因としていました。そのため、相続放棄が代襲原因になるか否かは明確ではありませんでした。

参考ケース

同じ法律関係における権利義務→【017】
嫡出子Ｐが被相続人甲＝Ｉと同時に死亡したとき→【096】

【096】　被相続人（ 甲＝Ｉ ）に嫡出子1人と非嫡出子1人と嫡出
　　　孫2人がいて、嫡出子が 甲＝Ｉ と同時に死亡したとき
　　　（1962年改正）

▶キーワード　1962年改正・同時死亡と代襲相続

〔親族関係〕

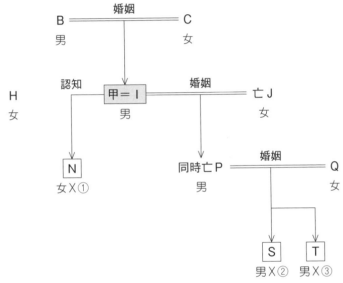

〔相続人・相続分〕

N （非嫡出子）	1/2
S （嫡出孫）	1/4＝1/2×1/2
T （嫡出孫）	1/4＝1/2×1/2

〈被相続人が2013（平成25）年9月4日以前に死亡した場合〉

N （非嫡出子）	1/3
S （嫡出孫）	1/3＝2/3×1/2
T （嫡出孫）	1/3＝2/3×1/2

〈被相続人が1962（昭和37）年6月30日以前に死亡した場合〉

N （非嫡出子）	1

ポイント

　子と孫が相続人となります（現民887①②）。子が数人あるときの相続分は現在は「相等しいもの」ですが（現民900四）、2013年改正前は、非嫡出子の相続分は嫡出子の相続分の1/2でした（2013前現民900四）。

　現在の現行民法887条2項本文は、「相続の開始以前に死亡したとき」を代襲相続の原因としています。これは、1962年改正によるものであり、「同時死亡の推定の規定（32条の2）を新設したことと関連して、被相続人（たとえば父）と相続人（子）の同時死亡の場合に、その子（孫）の代襲相続が起こることを明確にしたもの」（加藤1962a・32頁）と説明されています。そのため、現在は、嫡出子Ｐが被相続人Ｉと同時に死亡したときも、Ｐの子（被相続人Ｉの孫）ＳＴが代襲相続します（現民887②）。

　これに対し、1962年改正前現行民法888条1項は、「前条の規定によって相続人となるべき者〔筆者注：被相続人の直系卑属〕が、相続の開始前に、死亡し、又はその相続権を失った場合において、その者に直系卑属があるときは、その直系卑属は、前条の規定に従ってその者と同順位で相続人となる」と規定していました。同条が削除されたことは、「同時存在の原則は全く不要とされ、従って888条は無用の規定となって廃止された」（中川外1992・38頁〔中川善之助・泉久雄〕）と説明されています。

　1962年改正法附則1条（施行期日）は「この法律は、昭和37年7月1日から施行する」、同2条（経過規定）は「この法律による改正後の民法は、この法律の施行前に生じた事項にも適用する。ただし、従前の民法によって生じた効力を妨げない」と規定しています。

参考ケース

　嫡出子Ｐが先に死亡したとき→【095】

【097】 甲＝U の家督相続人を選定すべきとき（1947年改正）

▶キーワード　1947年改正・家督相続人の選定

〔親族関係〕

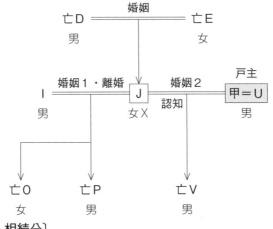

〔相続人・相続分〕

J（配偶者）	1

ポイント

　明治民法982条は、「法定又ハ指定ノ家督相続人ナキ場合ニ於テ其家ニ被相続人ノ父アルトキハ父、父アラサルトキ又ハ父カ其意思ヲ表示スルコト能ハサルトキハ母、父母共ニアラサルトキ又ハ其意思ヲ表示スルコト能ハサルトキハ親族会ハ左ノ順序ニ従ヒ家族中ヨリ家督相続人ヲ選定ス」として、(1)「配偶者但家女ナルトキ」、(2)「兄弟」、(3)「姉妹」、(4)「1号ニ該当セサル配偶者」、(5)「兄弟姉妹ノ直系卑属」を列挙していました。

　1947年改正法附則は、1条で「この法律は、昭和23年1月1日から、これを施行する」、2条で「明治35年法律37号は、これを廃止する」、3条で「この附則で、新法とは、この法律による改正後の民法をいい、旧

法とは、従前の民法をいい、応急措置法とは、昭和22年法律74号をいう」、4条で「新法は、別段の規定のある場合を除いては、新法施行前に生じた事項にもこれを適用する。但し、旧法及び応急措置法によって生じた効力を妨げない」と規定していました。

　相続の経過措置について、1947年改正法附則25条は、1項で「応急措置法施行前に開始した相続に関しては、2項の場合を除いて、なお、旧法を適用する」、2項で「応急措置法施行前に家督相続が開始し、新法施行後に旧法によれば家督相続人を選定しなければならない場合には、その相続に関しては、新法を適用する。但し、その相続の開始が入夫婚姻の取消、入夫の離婚又は養子縁組の取消によるときは、その相続は、財産の相続に関しては開始しなかったものとみなし、28条の規定を準用する」と規定していました。

　また、1947年改正法附則28条は、「応急措置法施行の際戸主であった者が応急措置法施行後に婚姻の取消若しくは離婚又は養子縁組の取消若しくは離縁によって氏を改めた場合には、配偶者又は養親、若し配偶者又は養親がないときは新法によるその相続人は、その者に対し財産の一部の分配を請求することができる。この場合には、前条2項及び3項の規定を準用する」と規定していました。

[参考ケース]
　同じ法律関係における権利義務→【085】

【098】　入夫（ 甲＝U ）が離婚したとき（1947年改正）

▶キーワード　1947年改正・家附の継子

〔親族関係〕

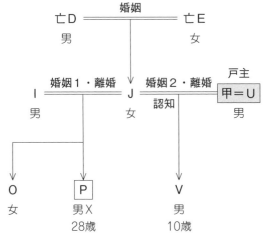

〔相続人・相続分〕

P（継子）	1

ポイント

　継子とは、「配偶者の子にして婚姻の当時配偶者の家にありたる者又は婚姻中にその家に入りたる者」（大里167～168頁）です。明治民法728条は、「継父母ト継子……トノ間ニ於テハ親子間ニ於ケルト同一ノ親族関係ヲ生ス」と規定していました。

　「新民法施行後に開始した相続において家附の継子であった者に相続権を認める趣旨は、応急措置法により継親子関係が消滅したため、他家から入った戸主となった者の財産を、以前から、その家にある継子が相続できなくなる結果は、旧民法下では当然に相続することができたことと比較してあまりにも酷であることから、その保護を図るた

めであるとされている」(末光2019・314頁)。

　継子については、現行民法の経過措置についても注意が必要です。1947年改正法附則26条は、1項で「応急措置法施行の際における戸主が婚姻又は養子縁組によって他家から入った者である場合には、その家の家附の継子は、新法施行後に開始する相続に関しては、嫡出である子と同一の権利義務を有する」、2項で「前項の戸主であった者について応急措置法施行後新法施行前に相続が開始した場合には、前項の継子は、相続人に対して相続財産の一部の分配を請求することができる。この場合には、27条2項及び3項の規定を準用する」、3項で「前2項の規定は、1項の戸主であった者が応急措置法施行後に婚姻の取消若しくは離婚又は縁組の取消若しくは離縁によって氏を改めた場合には、これを適用しない」と規定していました。

　ここで「その家の家附の継子は、新法施行後に開始する相続に関しては、嫡出である子と同一の権利義務を有する」とされた理由は、「経過的に不都合な結果が生じ得た。すなわち、昭和22年5月3日の応急措置法施行の際の戸主が婚姻または養子縁組により他家から入った者であり、そこに継子がいるとき、この戸主の財産は家付の財産であるのに、戸主が昭和23年1月1日の新法施行後に死亡すれば、戸主と継子はなんらの血族関係もないために、もともと、祖父から家付の娘である母を経て継子に流れてくることが予定されていた家付の財産が、継子には全く帰属しないことになるのである。そのために……救済的経過措置を講じている」(中川外224頁〔阿部浩二〕)と説明されています。

参考ケース

同じ法律関係における権利義務→【080】

【099】　被相続人（ 甲＝ｌ ）に妻と嫡出子2人と孫2人がいると
　　　　き（応急措置法）

▶キーワード　応急措置法

〔親族関係〕

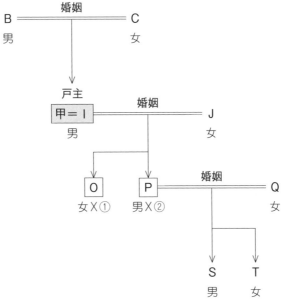

〔相続人・相続分〕

O （嫡出子）	1/2
P （嫡出子）	1/2

ポイント

　民法の全面改正に時間を要したため、1947（昭和22）年法律74号（日本国憲法の施行に伴う民法の応急的措置に関する法律）が制定されました。現行民法は、この応急措置の期間中に可決された1947（昭和22）年法律222号により第4編（親族）と第5編（相続）を全面改正したものです。

　応急措置法1条は、「この法律は、日本国憲法の施行に伴い、民法について、個人の尊厳と両性の本質的平等に立脚する応急的措置を講ずることを目的とする」と規定していました。

　応急措置法3条は、「戸主、家族その他家に関する規定は、これを適用しない」と規定していました。

　応急措置法7条は、1項で「家督相続に関する規定は、これを適用しない」、2項で「相続については、8条及び9条の規定によるの外、遺産相続に関する規定に従う」と規定していました。

　応急措置法8条1項は、「直系卑属、直系尊属及び兄弟姉妹は、その順序により相続人となる」と規定していました。8条2項は、「配偶者は、常に相続人となるものとし、その相続分は、左の規定に従う」とし、(1)「直系卑属とととともに相続人であるときは、3分の1とする」、(2)「直系尊属とともに相続人であるときは、2分の1とする」、(3)「兄弟姉妹とともに相続人であるときは、3分の2とする」を列挙していました。

　応急措置法9条は、「兄弟姉妹以外の相続人の遺留分の額は、左の規定に従う」とし、(1)「直系卑属のみが相続人であるとき、又は直系卑属及び配偶者が相続人であるときは、被相続人の財産の2分の1とする」、(2)「その他の場合は、被相続人の財産の3分の1とする」を列挙していました。

　その結果、民法典から家督相続に関する章が削除され、すべての相続に、従来の遺産相続に関する規律が適用されることになり（応措7②）、相続人・相続分に関する規律が変更されました（応措8）。

参考ケース
　同じ法律関係における権利義務→【073】

【100】　被相続人（ 甲＝Ⅰ ）の長男が先に死亡し、その子（孫・
　　　　胎児）がいるとき（1942年改正）

▶キーワード　1942年改正・胎児

〔親族関係〕

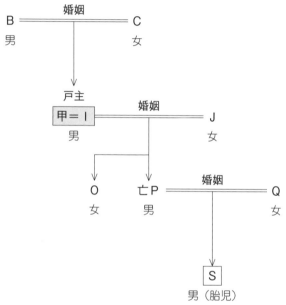

〔相続人・相続分〕

S（嫡出孫）	1

ポイント

　代襲相続について、明治民法974条は、1項で「970条及ヒ972条ノ規
定ニ依リテ家督相続人タルヘキ者カ家督相続ノ開始前ニ死亡シ又ハ其
相続権ヲ失ヒタル場合ニ於テ其者ニ直系卑属アルトキハ其直系卑属ハ
970条及ヒ972条ニ定メタル順序ニ従ヒ其者ト同順位ニ於テ家督相続人
ト為ル」、2項で「前項ノ規定ノ適用ニ付テハ胎児ハ既ニ生マレタルモ

ノト看做ス但死体ニテ生マレタルトキハ此限ニ在ラス」と規定していました。同条2項は、1942年改正によって加えられたものです。また、これを遺産相続に準用する明治民法995条2項も1942年改正によって加えられました。

　胎児については、①「胎児は、家督相続については既に生まれたものとみなされるため（旧民法968条1項）、例えば、戸主の死亡した後に出生した者であっても、戸主の死亡時に胎児であった者については、第1種選定家督相続人……、第2種選定家督相続人も含み、家督相続人となることができたのである。つまり、相続における同時存在の原則とは、家督相続人は、家督相続の開始の時に生存している者又は胎児である者でなければならないことを意味する。もちろん、その胎児が死体で生まれたときは、家督相続人となることはなかった（旧民法968条2項）」（末光2019・161頁）、②「胎児による代襲についても家督相続の場合と同じであり、旧民法の制定、施行時には代襲者は、遺産相続の開始時に存在していたことだけでなく、代襲原因の発生時にも存在していなければならなかったと解されていたため、代襲原因発生時に胎児であった者は代襲者とはなり得なかったところ、旧民法の改正により昭和17年3月1日以降は、代襲原因発生時に胎児であった者は代襲相続に関しては生まれたものとみなされ、死体で生まれない限り、代襲相続人となり得た」（末光2019・259頁）と説明されています。

参考ケース

　同じ法律関係における権利義務→【083】

キーワード索引

索引

相続開始時別　相続人の範囲と遺産の割合
－明治民法・応急措置法・現行民法－

令和 5 年 1 月18日　初版発行

著　者　中　込　一　洋

発行者　新日本法規出版株式会社

代表者　星　　謙一郎

発 行 所　新 日 本 法 規 出 版 株 式 会 社

本　　　社 総 轄 本 部	（460-8455）	名 古 屋 市 中 区 栄 1 － 23 － 20
東 京 本 社	（162-8407）	東京都新宿区市谷砂土原町2－6
支　　　社		札幌・仙台・東京・関東・名古屋・大阪・広島 高松・福岡
ホームページ		https://www.sn-hoki.co.jp/

【お問い合わせ窓口】

新日本法規出版コンタクトセンター

📞 0120-089-339 （通話無料）

●受付時間／ 9 ：00～16：30 （土日・祝日を除く）

ISBN978-4-7882-9110-2

5100253　相続人範囲割合

©中込一洋 2023 Printed in Japan